施密士舊藏甲骨文字

胡輝平 編著

本書爲"古文字與中華文明傳承發展工程"的研究成果
本書爲國家社科基金重大項目"國家圖書館藏甲骨整理與研究"
（項目批准號：18ZDA301）研究成果

學苑出版社

图书在版编目（CIP）数据

施密士旧藏甲骨文字 / 胡辉平编著 . -- 北京：学苑出版社，2025.5. -- ISBN 978-7-5077-7191-6

Ⅰ . K877.13

中国国家版本馆 CIP 数据核字第 2025AS6892 号

出 版 人：洪文雄
责任编辑：战葆红
出版发行：学苑出版社
社　　址：北京市丰台区南方庄 2 号院 1 号楼
邮政编码：100079
网　　址：www.book001.com
电子信箱：xueyuanpress@163.com
联系电话：010-67601101（销售部）67603091（总编室）
印 刷 厂：北京建宏印刷有限公司
开本尺寸：787mm×1092mm　1/16
印　　张：11
版　　次：2025 年 5 月第 1 版
印　　次：2025 年 5 月第 1 次印刷
定　　价：120.00 元

目 录

前 言 / 1

凡 例 / 1

拓 本 / 1

釋 文 / 75

檢索表 / 121

　　表一　《施密士舊藏甲骨文字》著録對照表 / 123

　　表二　北大本與國圖本等對照表 / 127

　　表三　美國哥倫比亞大學藏甲骨與國圖本等對照表 / 131

　　表四　《合集》《合補》與國圖本等對照表 / 134

　　表五　《殷契佚存》與國圖本等對照表 / 136

　　表六　《美國所藏甲骨録》與國圖本等對照表 / 139

　　表七　《南師》與國圖本等對照表 / 142

　　表八　施密士舊藏甲骨綴合情況表 / 143

　　表九　國圖本較舊著録更完整或更清晰者及新補、

　　　　　新見拓本等一覽表 / 145

　　表十　本書引用甲骨著録書簡稱對照表 / 147

前　言

施密士舊藏甲骨因部分被收入《殷契佚存》而爲學界所熟知，但施密士舊藏甲骨全貌及來龍去脉則知曉者不多。施密士舊藏甲骨與第三次殷墟科學發掘有關，被施密士購藏後，即刻有墨拓本傳世，其中部分甲骨後來入藏到美國哥倫比亞大學[1]。這批甲骨雖多次以拓本或摹本的形式被選録，但其全貌始終未曾揭曉。目前已知有三家單位收藏有施密士舊藏甲骨的較全拓本，分别爲中國國家圖書館、北京大學圖書館、臺灣"中央"研究院歷史語言研究所，均爲未刊拓本。國家圖書館現藏一部施密士舊藏甲骨的拓本（二册），系1932年入藏北平圖書館（國家圖書館前身），是國家圖書館收藏甲骨文獻的濫觴。

施密士是美國人，英文名爲 Ernest Ketcham Smith，中文名譯作史密斯、司密斯、施密士或施美士、斯美士等。學界對施密士的生平介紹不多見，在中文資料中有關他在中國工作經歷的記録主要見於以下三則。其一，據《從清華學堂到清華大學 1911—1929》記載："施美士，1895年 Wesleyan 大學學士，1897年碩士，哥倫比亞大學院暨協和神學校肄業，來清華前教學與行政經驗豐富，1911至1926擔任清華英語教員，教過梁實秋英文，曾任1914年《清華年報》(The Tsing Hua Annual)顧問……及清華成立大學部，擔任西洋文學系教授，除教高三讀本和高二讀本及作文外，亦教大學部一年級讀本及作文。是美籍教員中年紀較大的一位，亦是在清華任教較久的

---

[1] 美國哥倫比亞大學（簡稱哥大）現藏甲骨主要由以下6家捐贈組成：施美（密）士（Ernest K. Smith）舊藏（62片）、白瑞華（Roswell S. Britton）舊藏、英格拉姆（James H. Ingram）舊藏、皮克（Cyrus H. Peake）舊藏、洛克威（William W. Rockwell）舊藏、孟禄（Paul Monroe）舊藏。

一位，1929年被羅家倫辭退，轉任燕京大學外國文學系教授。施氏性好古物，收藏中國古器十餘件，如石器時代之刀斧等，曾與中國教員陸懋德聯合舉辦古物展覽，激發學生之美術思想。"[1]其二，如《燕京大學史稿1919—1952》所述，在燕京大學文學院西語系的發展時期（1928—1937）、孤島時期（1937—1941）的師資隊伍名單中均有施密士（E. K. Smith）。他原爲清華大學英文教授，於1929年始任英文學系的新教員[2]；書中"第五章專題"有一篇"幾家數代美國人深情系燕園——施美士·富桂思一家"[3]，記述了施密士一家三代人在燕京大學任教及生活的事實。其三，爲網絡的資料。在清華校友總會網站的"百年清華"之"清華故事"欄目中，有一篇《清華學堂的第一批美國教員史密斯（Ernest Ketcham Smith）》[4]，文中對施密士的生平作了較全面的介紹，現摘引原文如下：

Ernest Ketcham Smith（史密斯，史密士，施美士）小傳——

史密斯，1873年10月28日生於美國康涅狄格州的錫姆斯伯裏城，1895年畢業於衛斯理大學，獲文學學士，1897年獲得文學碩士學位。畢業後在衛斯理大學任圖書館助理，他還是Alpha Delta Phi兄弟會的成員。1897—1898年任教於賓州迪金森神學院教授拉丁文，1898年在賓夕法尼亞州威廉斯堡教拉丁文，1898—1902年在明尼蘇達州杜魯斯中心高中教英文并任英文部主任，1902—1910年，在俄亥俄州克利夫蘭市幾所高中任教。1911—1924年在北京清華學校任英語教師，期間1915—1916年在紐約協和神學院和師範學院肄業，并因此成爲哥倫比亞大學校友。1918—1920年兼任華北英語教師聯合會會長。作爲交換教授，1924—1925年，史密斯回國任教於明尼蘇達州聖保羅市Hamline大學，之後回到清華大學任正教授直

---

[1] 蘇雲峰：《從清華學堂到清華大學1911—1929》，北京：生活·讀書·新知三聯書店，2001年，第129—130頁。
[2] 張瑋瑛等：《燕京大學史稿1919—1952》，北京：人民中國出版社，2000年，第1202—1204頁，"在1929年9月20日，本校新教員名單中，英文學系：施美（密）士——前清華大學英文教授"。
[3] 張瑋瑛等：《燕京大學史稿1919—1952》，北京：人民中國出版社，2000年，第624—625頁。
[4] 孟凡茂：《清華學堂的第一批美國教員史密斯（Ernest Ketcham Smith）》，2013年3月28日，https://www.tsinghua.org.cn/info/1952/17458.htm。

到1929年。1929年夏被清華大學校長羅家倫解聘後，在燕京大學任教授直至1943年回國。史密斯熱愛中國文物，收藏石器甲骨等古物。所收62片甲骨，現藏哥倫比亞大學東亞圖書館，拓片收錄於《美國所藏甲骨錄》。1954年5月9日史密斯（原文作施美士）在紐約市布魯克林區逝世。

施密士是在清華任職時間最長的首批美國教員，教英文和拉丁文，除任課外，還任學校倫理演講的教員及爲學生社團辦文學講座。1911至1929年期間，有兩年回國，在清華服務16年。

由以上材料，可知美國人施密士曾於1911—1929年任教於清華大學[1]，1929—1943年任教於燕京大學。他熱愛中國文物，於燕京大學任教期間，曾購得一批甲骨。

一、國圖藏施密士舊藏甲骨拓本概要

國家圖書館藏施密士舊藏甲骨拓本（本書簡稱"國圖本"），原拓本二册，封面無題簽，内附有一張入藏圖書館後編目員的手寫書簽——"施氏藏甲骨文字"，在藏品賬簿的"撰書者"欄登記爲"施密士藏"。第一册有拓片43張，每頁粘貼一張拓片；第二册有拓片38張，部分爲每頁粘貼兩張拓片。二册含拓片共81張，其中第二册的倒數第1、第2張拓片是1片甲骨的正、反面，故甲骨總計爲80片[2]。爲區别於現藏，本書擬名爲《施密

---

[1] 據1918年1月3日《清華週刊》第126期第22頁，清華學校英文辯論賽預賽在26、27、28日分期舉行，巢坤霖、施美（密）士、華爾科三先生任評委，選出張韻海、盧默生、喬萬選、劉師舜、宋國祥、錢宗堡六人爲代表。另據齊家瑩：《清華人文學科年譜》（清華大學出版社，1999年，第5、49、59、71—72頁）；周棉主編：《中國留學生大辭典》（南京大學出版社，1999年版，第20頁）；西南聯合大學北京校友會編：《國立西南聯合大學校史——一九三七至一九四六年的北大、清華、南開》（北京大學出版社，1996年，第138—145頁）。其中中國教授還有朱傳霖、黃中定、黃學勤、張傑民、樓光來等，外國教授則有吳可讀（A.L.Pollard）、施美（密）士（E.K.Smith）、畢蓮（A.M.Bille）、譚唐（G.H.Danton）、譚唐夫人（A.P.Danton）等。

[2] 在統計拓片數量和甲骨的數量時，以往大家都習慣用"片"作數量單位用詞，極易將拓片數量與甲骨數量混同。拓片總量不等於甲骨實物的總量，有的甲骨正、反面均刻字，有的骨臼有字，那麼1片（塊）甲骨就有2張或3張拓片。在統計總量時，爲避免混淆，筆者認爲宜區分數量單位用詞，如拓片數量單位用"張"，甲骨實物數量單位則用"片"或"塊"。

士舊藏甲骨文字》。

此二冊甲骨拓本入藏較早。據《國立北平圖書館館務報告（民國二十年七月至二十一年六月》（1931年7月—1932年6月）在抗戰期間北平圖書館的金石文獻採訪業務中記載："本年度購入金石拓本72種，670冊，又2345張。重要者有：（1）北平孫氏雪園所藏陶器拓片193種……（10）司密斯甲骨文字拓片81張；（11）何遂藏甲骨文字拓片71張。"其中"本年度所購得'司密斯甲骨文字拓片81張'與何遂藏甲骨拓片，爲國家圖書館歷史上最早的甲骨文獻入藏。"[1]由此知，在1932年6月之前，這部有81張拓片的《施氏藏甲骨文字》拓本已入藏北平圖書館（國家圖書館前身），則該甲骨拓本應拓制於1932年6月之前。

施密士購藏的甲骨與第三次殷墟發掘品的關係密切，董作賓曾考證其必出自小屯村北大連坑附近。這批甲骨屬於大連坑發掘過程中被盜的部分甲骨，幸而由施密士購藏，後來其中的大部分甲骨入藏到哥倫比亞大學，才使得這部分散佚的原屬科學發掘的甲骨得以多次著錄。正如董作賓在《殷契佚存考釋·序》中道："今者施氏明達，出私有者而公之於世，亦契學界不幸中之大幸也。"[2]而"國圖本"較好地保存了此批甲骨的早期全貌。

1932年"國圖本"入藏後，并未在海量的圖書館藏品中沉寂，而是及時地發揮了爲學界服務的積極作用。1945年冬，胡厚宣來北平訪購甲骨，曾從時任北平圖書館善本部主任的趙萬里（字斐雲）處借閱館藏的《施氏藏甲骨文字》拓本，帶回成都研究。胡厚宣在《五十年甲骨文發現的總結》中寫道："慶雲堂碑帖鋪有一千多片甲骨，假的占一多半，索價奇昂。我因其中有一片'人頭刻辭'，一片'牛肋骨刻辭'，相當重要，又有半片骨版記四方風名，和我所作《甲骨文四方風名考證》一文有關，思之再三，終不願把機會放過。請趙斐雲、謝剛主、陳濟川幾位先生同他商談多次，結

---

[1] 國立北平圖書館編：《國立北平圖書館館務報告》，1932年，第14頁，電子文獻網址參http://read.nlc.cn/OutOpenBook/OpenObjectBook?aid=416&bid=1165.0。 另有趙愛學：《抗戰期間北平圖書館的金石文獻業務工作》，《國圖與抗疫：紀念中國人民抗日戰爭暨世界反法西斯戰爭勝利70周年國家圖書館員工文集》，北京：國家圖書館出版社，2016年，第239頁。
[2] 董作賓：《殷契佚存考釋·序》，南京金陵大學中國文化研所叢刊甲種，1933年，第三葉。

果是出高價錢，許我選擇五百片。……還有趙斐雲先生，他把所藏名貴的甲骨拓本一百多張，借我帶回成都抄錄。"[1] 1946年3月20日，胡厚宣閱後歸還拓片八十一張并附信函。信函的主要內容如下："年前重返故都，得領教益，又承多方幫忙，私心銘感，非言可宣。……尊藏甲骨拓本八十張，原骨系美人施密士所藏，已著錄於《殷契佚存》中。其另外墨淡之一片，則確系未見著錄之品，已摹下副本，茲將原件奉還。厚誼至深銘感。……附拓本八十一張。（原函存趙府）"[2] 這則關於胡厚宣借閱國圖館藏甲骨拓本，數月後"完璧歸趙"的舊事，體現了在抗戰時期圖書館爲學界竭誠地提供學術服務的態度，歷經流傳堪稱"美談"。

事實上，在"國圖本"的81張拓片中，除了有62片甲骨（63張拓片）被《殷契佚存》（1933年）收錄外，至胡厚宣借閱時尚有18片甲骨仍未見著錄。而後至於《戰後南北所見甲骨錄》（1951年）中的《南師》部分所收錄的15片摹本（見附表七），正是1945年抗戰勝利後，胡厚宣在京津寧滬一帶收集甲骨材料時期所摹錄。或許在借閱"國圖本"之前，胡厚宣已從別處見過有關施密士舊藏甲骨的拓本或有過摹錄；故而信中有"甲骨拓本八十張（實爲81張），原骨系美人施密士所藏，已著錄於《殷契佚存》中。其另外墨淡之一片，則確系未見著錄之品，已摹下副本"。然其所摹那版"墨淡之一片"的"未見著錄之品"，具體爲哪片，尚待考。

總之，在"國圖本"中有62片見於《殷契佚存》收錄，58片見於《甲骨文合集》及《甲骨文合集補編》收錄（其中《合集》27456由"國圖本"的1.29與2.37綴合），60片見於《美國所藏甲骨錄》收錄（其中《美》414爲"國圖本"1.29與2.37綴合；《美》423、《美》443、《美》461三版合爲"國圖本"2.32）；另有15片甲骨的摹本被《戰後南北所見甲骨錄》收錄，編入《南師》部分，而現藏的"國圖本"可補此部分的拓片。除此外，"國圖本"中至今仍有3片甲骨未見於任何著錄，即"國圖本"1.11、1.13、2.12，此三片爲新見拓片。通過與舊著錄比較，發現"國圖本"較舊著錄更完整或更

---

[1] 胡厚宣：《五十年甲骨文發現的總結》，北京：商務印書館，1951年，第48—49、52頁。
[2] 劉波：《趙萬里先生年譜長編》，北京：中華書局，2018年，第247頁。

清晰者共有 21 版，具體詳見書後的附表九。

二、關於施密士舊藏甲骨的其他著錄與研究

除"國圖本"外，目前已知關於施密士舊藏甲骨的著錄與研究，包括未刊的拓本和摹本，以及已刊著錄與相關研究在内，尚有如下 9 種。

1.《殷契佚存》（簡稱《佚》）

由商承祚於 1933 年編著，《佚》選錄了施密士舊藏甲骨 62 片，即 255—316 號，是施密士舊藏甲骨最早的正式刊行。商氏序："去歲金陵大學中國文化研究所屬（囑）予來北平徵印古文字材料，朞年之間計續得北平孫氏壯甲骨墨本百九十三紙，侯官何氏遂所藏六十一版，美國施氏美士六十二版，冀縣王氏富晋二十七版，丹徒陳氏邦懷三十版，海城于氏省吾七版，江夏黃氏濬墨本六十紙，益以予所藏七十七版、墨本四百八十三紙共得千版合爲一編，後附考釋。"序尾落款有"二十二年十月商承祚序於北平之契齋"。此序作於 1933 年 10 月，序中的"去歲"即 1932 年，"朞年之間"意即一年之間。從序文知，商承祚自 1932 年奉金陵大學中國文化研究所之命來北平徵集古文字材料，在 1932 年至 1933 年 10 月前的一年時間内，收穫頗豐。除自藏品外，收集到甲骨墨本數百紙，還獲得 6 家甲骨實物的拓本，包括何遂所藏 61 版、施密士 62 版、王富晋 27 版、陳邦懷 30 版、于省吾 7 版。此六家甲骨拓本應是 1932 至 1933 年間，從"朋好弄藏必借拓之"所得。因此，《佚》中所收的 62 版施密士舊藏甲骨拓片，其拓製時間大概是 1932 年至 1933 年 10 月之間。

陳夢家在《殷虛卜辭綜述》中有"甲骨流失在國外之統計"："美國——施密士"收藏藏甲骨 62 片，著錄於《佚》62 片[1]。事實上《佚》中的施密士 62 版甲骨并未全部入藏美國的哥倫比亞大學。如《佚》312 與《佚》313 兩片甲骨不僅不見於在 CADAL[2] 網頁著錄中，在《美國所藏甲骨錄》中亦未

---
[1] 陳夢家：《殷虛卜辭綜述》，1956 年，北京：科學出版社，第 657 頁。
[2] CADAL：大學數字圖書館國際合作計畫 (China Academic Digital Associative Library) 的簡稱。

見收錄,"可以確定它們如今并不在哥大藏品之中,實物在傳流過程中已去向不明"[1]。另外,《佚》287(即"國圖本"2.23)一片龜甲已斷爲三片,在《美國所藏甲骨錄》中分別爲《美》423、《美》443、《美》461;CADAL 也分別登記了三個編號,即 c-009、c-029、c-047[2],不同於斷裂後仍然記爲一個編號的 c-057,可見哥倫比亞大學是將它們計爲三件藏品。所以《佚》中的施密士 62 片甲骨,其實只有 60 片現藏於哥倫比亞大學。

2. 史語所藏《施美士藏甲骨文》(本書簡稱"史語所本"),爲未刊拓本

據雷煥章文[3]和"史語所數位典藏資料庫整合系統——善本古籍書目資料庫"[4]載:《施美士藏甲骨文》兩册,爲民國二十四年(1935)歷史語言研究所黏裝拓本,"上册四十一拓,下册四十拓,下册第二葉有董作賓拼合一片"。"一拓"即一張拓片,且董作賓拼合一片(II.2)是含在第二册 40 張之内(圖 1),故史語所拓本共有 81 張拓片。其中董作賓拼合一片,即《佚》986=《佚》256+《甲》2871(圖 2、圖 3),此組綴合中只有《佚》256 屬施密士舊藏。那麼 1935 年董作賓派人造訪施密士,爲其甲骨藏品製作拓片時,施密士所藏甲骨總量也應是 80 片。

圖 1 "中研院"歷史語言研究所藏《施美士藏甲骨文》頁 II.[5]

---

[1] 程名卉:《美國哥倫比亞大學藏甲骨整理研究的新收穫》,《出土文獻綜合研究集刊》第十六輯,2022 年,第 35 頁。

[2] c 即 Columbia University 的簡稱。

[3] 雷煥章:《甲骨文集書林》,馬向陽譯,臺北:臺北利氏學社,2008 年,第 91 頁。

[4] 史語所數位典藏資料庫整合系統——善本古籍書目資料庫,訪問時間 2025 年 5 月 25 日 https://ihparchive.ihp.sinica.edu.tw/ihpkmc/ihpkm?@@0.16329446301401263。

[5] 此圖引自程名卉《美國哥倫比亞大學藏甲骨整理研究的新收穫》文中配圖 10。

圖2 佚256

圖3 佚986

圖4 c-001（來源：CADAL官網）

3-4、唐德剛《龜甲引起的強大連鎖反應》（*The Tortoise Shell Which Set Off a Mighty Chain Reaction*）1片與李棪《北美所見甲骨選粹》1片

1967年，唐德剛在哥倫比亞大學圖書館專欄上發表了一張施密士藏甲骨照片，即c-001（圖4）。文中附有簡要的釋文與來源介紹。由於唐德剛對c-001的解釋簡略、照片模糊，1970年李棪在《北美所見甲骨選粹》中重新考證此片（《北美》42），附正

反面照片。此哥大藏甲骨 c-001 號，即《佚》257+《佚》266。

5.《美國所藏甲骨錄》（簡稱《美》）

周鴻翔編著，1976 年出版，《美》共著錄哥倫比亞大學藏甲骨 66 片，編號爲 414—480。其中《美》414、《美》415 是同一片，即甲骨 c-001 的正反面；另有《美》463（c-049）、471（c-057）、478、479、480 五片首見著錄，且來源不詳；故《美》中只有 60 片明確屬於施密士舊藏。另外，《美》423、443、461 綴合即《佚》287，又與《美》450（《佚》283）繼續綴合成《合集》31438。

6.《甲骨文合集》（簡稱《合集》）

1978—1983 年陸續出版，《合集》選錄了哥倫比亞大學藏甲骨 63 片。其中《合集》31564（c-112）、《合集》31495 重見於《合集》34789（c-111）、《合集》29868（c-113）即《美》478、479、480，此 3 片爲新見甲骨，非施密士舊藏。另外，《佚》287 同於"國圖本"2.32，即《合集》31438，其斷爲三片後在《合集》又被著錄成三個號：《合集》31454，即《佚》287/"國圖本"2.32 左上（c-029）；《合集》27704，即《佚》287/"國圖本"2.32 右上（c-047）；《合集》31452，即《佚》287/"國圖本"2.32 右下（c-009）。因此，《合集》實際著錄了 58 片"國圖本"中的施密士舊藏甲骨。

由於《佚》262、《佚》270、《佚》312、《佚》313，此 4 版在《合集》中均未見著錄，而《合集》41721，即《南師》2.231 爲摹本，亦即"國圖本"1.32，卻不見於《佚》，所以在《合集》與《佚》中相互重見的施密士舊藏甲骨是 57 片。

7.《戰後南北所見甲骨錄》之《南北師友所見甲骨錄》卷二（本書簡稱《南師》）

《戰後南北所見甲骨錄》由胡厚宣編著，1951 年來薰閣書店出版，所收甲骨皆摹本。其中《南師》卷二收錄甲骨 271 片，其材料來源於不同藏家。胡厚宣在《序例》中記："南北師友所見甲骨錄者，係十餘年來，每於師友藏家，見有甲骨，隨即摹錄，或實物，或拓本，少則一二片，多或十餘片乃至數十片，分雖零碎，合則成篇，錄而出之，供之同好。因隨時摹錄，放置一起，日久不易分清，恐强分或致混淆，故統名南北師友所見甲骨録。至卷二所録，多選自友人葉粟如[1]先生所藏其尊人葉洪澫先生遺著甲骨文選甲乙編。"[2] 經核查，《南師》卷二收録了一些施密士舊藏甲骨，其中"國圖本"及"北大本"同見於《南師》卷二的甲骨有15片，且此15片於《佚》、14片於《合集》均未見著録，詳見附表七。

8-9. 北京大學藏施密士舊藏甲骨拓本（本書簡稱"北大本"）

除上述七種著録外，尚有兩種拓本藏於北京大學。第一種，即陳夢家在《殷虛卜辭綜述》附録中曾統計未發表完全的拓本，其中有"施密士所藏79（一部分見《佚》），藏於北京大學"。[3] 胡厚宣在統計時亦記北京大學收藏拓本有"施密士舊藏甲骨拓本79片"。[4] 陳夢家與胡厚宣提到的拓片數量相同，所指大概爲同一種拓本，即北京大學藏《殷契卜辭》原稿拓本中包含的施密士藏甲骨拓本。

北京大學圖書館現藏有容庚《殷契卜辭》原稿拓本，共4函31册。其第四函的第5、6册爲美國施密士藏甲骨拓本。此二册應是以往學界所指的北京大學藏《施密士舊藏甲骨拓本》79張。據筆者目驗，容庚《殷契卜辭》原稿的第四函第5册（"北大本"第一册）爲41葉，實收甲骨拓片42張（其中一葉粘貼2張）；第6册（"北大本"第二册）爲39葉，實收甲骨拓片39張。所以"北大本"實際收録甲骨拓片是81張，最後2張爲同一片甲骨的正、反面拓片，故"北大本"所收録甲骨數量亦爲80片。由於第5册拓本的封面標注爲"四十葉"，第6册拓本的封面標注爲"三十九葉"；這大概是諸位將"北大本"的總量統計爲79張的緣由。事實上"北大本"比"國圖本"并未少2張，而是一樣多。不過"北大本"的第一册與"國圖本"第一册除了偶有兩張拓片次序有顛倒外，其他基本一致；而"北大本"的第二册與"國圖本"第二册的次序區別則較大，具體可參見附表二。

---

1 葉粟如曾供職於復旦大學，於1952年由復旦大學調入華東師範大學歷史系，任副教授。
2 胡厚宣：《戰後南北所見甲骨録》，北京：來薰閣書店，1951年，《序例》第三葉。
3 陳夢家：《殷虛卜辭綜述》，北京：中華書局，1988年，見第二十章附録第673頁。
4 胡振宇：《殷商史》，上海：上海人民出版社，2019年，第428—429頁。

藏於北京大學的第二種，是陳淮生所集《猗文閣藏龜》[1]。如陳夢家《甲骨斷代學·甲篇》記錄有施密士所藏甲骨實物62，施密士所藏甲骨拓本79（一部分見《佚》），又陳淮生《猗文閣藏甲》82（施氏所有）。[2] 由於《猗文閣藏龜》（1函2冊）原拓本破損待修，無法查閱而致拓本的具體情況不詳；故本書中所言"北大本"就專指現屬容庚《殷契卜辭》原稿中的施密士藏甲骨拓本（二冊）。《甲骨文合集材料來源表》中偶見"北大3號21（《合集》8711）""北大3號20（《合集》3203）""北大3號18（《合集》16643）"，其編號與"北大本"的次序不符，《合集》所引編號是否源於陳淮生集的《猗文閣藏龜》拓本，尚待探研。

三、國圖本與其他早期拓本之比較

除《猗文閣藏龜》拓本的情況不明，暫不討論外，據前文所列舉的施密士舊藏甲骨諸早期拓本可知，《佚》收錄施密士舊藏甲骨有62片，"國圖本""北大本"及"史語所本"均有81張拓片，收錄甲骨均爲80片，此4種爲年代較早拓本。唯獨《殷契佚存》已正式著錄，而另三種仍屬未刊拓本。

（一）三種未刊拓本間的關係

由於"國圖本""北大本"及"史語所本"均爲未刊，關於此三種拓本的具體情況，以往大家多是"只知其一，不知其二"，或語焉不詳。譬如大家因襲前人提及"北大本"79張的舊說，或據胡厚宣曾在《大陸現藏之甲骨文字》中記錄"北京圖書館所藏甲骨拓本"條下有"施密士舊藏甲骨文字，一函二冊，81片"[3]，則誤以爲"史語所本"與"國圖本"的拓片數量相當，

---

[1] 陳淮生：《猗文閣藏龜》，陳淮生集，現藏北京大學，線裝，1函2冊，破損待修。
[2] 陳夢家：《甲骨斷代學·甲篇》，《燕京學報》第40期，燕京大學燕京學報社，1951年，第59、62頁。
[3] 胡厚宣：《大陸現藏之甲骨文字》，《"中央"研究院歷史語言研究所集刊》第67本4分，1996年，第839頁。

從而兩者"當爲同一版本。"[1]。

筆者雖不得見"史語所本"的具體面貌，但憑以往學者所揭示的一些線索亦可試作"見斑窺豹"的探索。其一，蔡哲茂《甲骨綴合集》第100組（即《合補》9986）曾使用"史語所本"上冊9號拓片，將其與《合集》31358(《甲》2871)綴合，"本片之上半施美士9據中央研究院史語所藏拓"。[2] 後林宏明又將此版與《合集》31338以及《合集》31318三者加綴，即《醉古集》7=［《綴集》100=《合補》9986正=《合集》31358正（《甲》2871）+施美士9］+《合集》31338/《殷合》53/《甲釋》53（《甲》2862+《甲》2873）+《合集》31318（《甲》2657）。[3] 這組綴合中的"施美士9"既不見於所有哥大甲骨的著錄，亦不見於哥大現藏甲骨藏品中。而"國圖本"中卻有此拓片，不過其次序與"史語所本"不同，該拓片在"國圖本"中是位於第二冊的第7張（"國圖本"2.07）。此版"施美士9"的甲骨現藏於美國歐柏林大學艾倫紀念藝術博物館，即1962.20B正、反[4]。其二，施密士購藏的《佚》256，可與第三次殷墟發掘所得的一版胛骨（《甲》2282）相綴合。綴合圖版見於"史語所本"的拓片II.2，即《佚》986[5]；而"國圖本"內只有《佚》256，并無此綴合拓片，這也是"國圖本"的年代要早於"史語所本"

---

[1] 程名卉：《美國哥倫比亞大學藏甲骨整理研究的新收穫》，《出土文獻綜合研究集刊》第十六輯，2022年，第28頁。

[2] 蔡哲茂：《甲骨綴合集》，臺北：樂學書局，1999年，第131頁。

[3] 林宏明：《醉古集——甲骨的綴合與研究》，臺北：萬卷樓，2011年，第7頁。

[4] 在美國歐柏林大學（Oberlin College）艾倫紀念藝術博物館（Allen Memorial Art Museum）藏有2片施密士舊藏甲骨，由施密士的夫人富桂思捐贈。歐柏林大學藏甲骨網址：https://allenartcollection.oberlin.edu/search/oracle-bone。參李曉曉：《美國歐柏林學院藏兩片甲骨及相關問題討論》，《紀念甲骨文發現125周年國際學術研討會——暨慶祝古代史研究所建所70周年、山東博物館建館70周年會議論文集（上）》。按：1962.20B即"施美（密）士9"，另一片未見著錄，則已知施美（密）士舊藏甲骨有81片。

[5] 《佚》986=《佚》256+《甲》2282=《甲釋》87=《合集》32385，有綴合：《合補》10436［《合集》32385+《合集》35277］+甲2283+《合集》22484，參陳逸文：《〈殷虛文字甲編〉新綴十二組》，《淡江中文學報》第二十九期，2013年12月，第373—405頁。

的一條佐證。有學者指出"施美士購藏甲骨至少82片"[1]，鑒於"史語所本"的全貌目前尚未公布，雖其與"國圖本"的拓片總量都是81張，但兩者所含的甲骨片是否能完全對應，尚不確定。

關於"北大本"的收藏年代有如下線索。北京大學圖書館藏的容庚《殷契卜辭》原稿拓本（四函31册），其第四函的第5、6册即《施密士舊藏甲骨拓本》二册。從現存函套看，貌似此二册施密士的舊藏甲骨拓本屬於《殷契卜辭》的附錄，實際極有可能是後人將它們混裝成一部函套。筆者查驗後發現，《殷契卜辭》稿拓本25册，共收錄874號甲骨拓片，編排已是嚴整有序。[2] 其第一函有8册，編號6—271；第二函有7册，編號272—527；第三函有7册，編號528—804；第四函有9册，其中第1册編號爲843—874，第2册編號爲805—842（第1與第2册編號顛倒），第3—4册爲富晉書社藏甲骨，第5—6册爲美國施密士藏甲骨，第7—8册爲何敘甫藏甲骨，第9册封面註"七葉"及"十九年（1930年）十二月十六日（燕大）"字樣，含7張拓片，係5片甲骨（其中2張爲反面拓片）。此7張拓片即爲《殷契卜辭》的第1—5號，而《殷契卜辭》拓本的第一函第一册是從第6號開始編號，正與同爲館藏的《殷契卜辭釋文》與《殷契卜辭草稿》中的甲骨編號相對應[3]。顯然列於第四函中的富晉書社、美國施密士、何敘甫三家藏甲骨，均獨立於《殷契卜辭》874號甲骨的編排之外。另外，從個別單册拓本的順序顛倒，亦反映出後人未曾理清楚《殷契卜辭》與三家拓本之間的關係而導致册號編次出現紊亂的事實。此外，從《容庚北平日記》的記録中

---

[1] 程名卉：《美國哥倫比亞大學藏甲骨整理研究的新收穫》，《出土文獻綜合研究集刊》第十六輯，2022年，轉引第28頁腳註："蔡哲茂《甲骨綴合集》第100組及《合補》09986分别使用了《施美（密）士藏甲骨文》上册9號拓本與摹本，此片在所有哥大甲骨著録中未見。蔡釋文稱'施美（密）士所藏之甲骨，部分已著録於《殷契佚存》，由此看來，施美（密）士購藏的甲骨至少有82片。"按從"史語所本"含上册9號拓本在内，總共爲81張拓片，實際所收録爲甲骨80片（塊）；雖"此片在所有哥大甲骨著録中未見"，而哥大現收藏屬於施密士舊藏甲骨亦屬此80片（塊）之内，終不解緣何有"82片"甲骨的總數，頗疑爲筆誤。

[2]《殷契卜辭》稿拓本，4函31册，現藏於北京大學沙特國王圖書館（古籍館），索書號爲SB/990.811/2522。

[3]《殷契卜辭釋文》一册，索書號爲SB/990.811.3000；《殷契卜辭草稿》一册，索書號爲NC/2086.50/3603。

也能找到一些證據，如：容庚於1929年5月12日"到德寶齋，訂購甲骨，價八百五十元"。1931年1月28日"三時整理《殷契卜辭》，并寫定釋文"。還有1932年1月8日"晚顧頡剛請便飯。孫海波來。施密士甲骨拓本十元，《六體千文》餘款二元"[1]。根據容庚的日記可知，早在1931年1月28日前，容庚業已將《殷契卜辭》稿拓本中的874號甲骨拓片編定成書。而於1932年1月8日才始見記録有施密士藏甲骨拓本的情況。據此可推斷，這部4函31冊的《殷契卜辭》稿拓本應是後人將容庚在北平時期收集的所有甲骨拓本，全部裝訂在一起了，且拓本編排的次序略有顛倒。

另外，《容庚北平日記》也顯示施密士甲骨拓本當時拓制應有多份，每份售價十元。如1933年4月17容庚日記有"徐中舒取施密士甲骨拓本一份去，價十元"[2]；抑或北大藏拓本當屬"售價十元"的拓本之一。"北大本"與"國圖本"的拓片數量均是81張，據筆者查驗并略作比較，兩份拓本墨拓虛實、濃淡等手法的相似度極高，頗疑似出自同一時期的同一拓手。至於兩份拓本編排的次序不同，則應是人爲粘貼所致。而1931年7月—1932年6月間購入的"國圖本"是否與此批"售價十元"的施密士藏甲骨拓本有關，還有待進一步的線索。

（二）《殷契佚存》與"國圖本"的比較

由於"國圖本"與《佚》中施密士62版，均爲1932至1933年間墨拓，兩者的拓制時間有重疊。爲了進一步弄清《佚》與"國圖本"之間究竟是否爲同一版本，即是否爲同一拓工同一時期所拓制。現參照CADAL數位化的甲骨影像，將"國圖本"與《佚》中相應的拓片試作比對。經過版本校勘，發現同一片甲骨的拓片，在"國圖本"與《佚》的兩版拓本中存在

---

[1] 容庚著，夏和順整理：《容庚北平日記》，北京：中華書局，2019年，第184、222、243頁。其中"孫海波來。施密士甲骨拓本十元，《六體千文》餘款二元"，疑似原書標點有偏差，"孫海波來"後句號宜改爲逗號；另參第283頁"1932年收支一覽表"之"一月收入"統計有"甲骨拓本等12"，以及結合"一月二十七日……顧起潛來，還甲骨拓本十元、《金文録》十元"等，也説明此條應歸入孫海波前來購買施密士甲骨拓本等的款項。

[2] 容庚著，夏和順整理：《容庚北平日記》，第308頁。

差异，詳見有以下四處。

1. "國圖本" 1.38（圖5）與《佚》267（圖6），即 c-019（圖7）。

"國圖本" 1.38 的左尾甲的尖角處墨拓較完整，與甲骨實物基本一致；而《佚》267 此尖角處有殘缺。

圖5　　　　　　　　　　　　圖6

圖7（來源：CADAL官網）

2. "國圖本" 2.33（圖8）與《佚》274（圖9），即 c-003（圖10）。

"國圖本" 2.33 的左上有突出的尖角，而《佚》274 拓本的左上爲圓角。

圖 8 　　　　　　　　　圖 9

圖 10（來源：CADAL 官網）

3. "國圖本" 2.19（圖 11）與《佚》294（圖 12），即 c-016（圖 13）。

"國圖本" 2.19 優於《佚》294，上端的 "王" 字更完整。此版龜甲的下端中部有較深的凹窪處，拓手爲體現凹凸的層次，往往凹窪處不上墨，故拓片會呈現一個 "白斑"。而國圖拓本之 2.19 的 "白斑" 明顯小於《佚》294。

圖 11　　　　　　　　　　　圖 12

圖 13（來源：CADAL 官網）

4. "國圖本" 2.21（圖14）與《佚》284（圖15），即 c-015（圖16）。在此版牛骨的右側邊緣的中部，有一處骨皮殘缺呈內凹狀。而"國圖本"2.21 對此殘斷口的墨拓效果更優，比《佚》284 更有層次。

圖14　　　　　　　圖15　　　　　　　圖16

從以上對兩份拓本中的四張甲骨拓片及其甲骨實物相互比勘的情況看，《佚》與"國圖本"倆拓本間確實存在局部差異，應該不是出自同一時期的同一拓手，所以《佚》中施密士62版拓片與"國圖本"絕非同一版。然而《佚》中的施密士62版與"國圖本"的拓製年代究竟孰早孰晚，目前尚無從定論。

四、施密士舊藏甲骨的來源及現狀

關於施密士舊藏甲骨的來源，早在1933年董作賓就曾推測其出土的具體地點，應是在小屯村中的殷墟發掘的第3區大連坑附近。董作賓的相關論述見於如下兩處：

其一，見於《殷契佚存》董序。董作賓在看過拓本後，發現施密士購藏甲骨與殷墟第三次發掘所得關係密切，認爲其必出於村北大連坑附近；序中有"美國施氏所藏甲骨文字之出土地及淵源"的專論。[1] 董作賓指出當時小屯村出土的第三期甲骨，除少數村中所出之外，大部分都出自村北大連坑附近，他處無有。除了稱謂中有"後妣辛（武丁之配）""父甲（祖甲）"外，此批材料中的第三期貞人共計44處，與大連坑出土者全同。此外，其中最重要的證據是，施密士購藏的《佚》256一片可與第三次殷墟發掘所得的一胛骨（《甲》2282）[2] 相合，綴合後爲《佚》986。[3] 其二，在《殷墟文字甲編自序》中，董作賓依據殷墟科學發掘經驗及參證村人的傳說，推求以前著錄的甲骨文字的出土地時，再次提及三期卜辭在"以前的著錄，除了《佚存》所收美國斯美士的一部分，《粹編》所收善齋的一部分之外，別的書都是沒有的"。[4]

施密士購藏甲骨中有不少片可與第三次科學發掘中"大連坑"的甲骨相綴合（見附表八），這可能與當時發生的一樁歷史公案有關。著名的"大連坑"是一個未曾擾動過的堆積。董作賓曾推測施密士獲購此批甲骨，是緣於河南民族博物院被盜竊的盛放甲骨文字之綠布小箱。"大連坑附近，吾人第三次工作始發掘之。及河南民族博物院之爭執起，此停彼作者兼旬。繼乃複由吾人開大連坑，得第三期甲骨甚多。前乎此，固未嘗有人開掘之也。民族博物院所采獲者旋被盜竊，失去盛放甲骨文字之綠布小箱一件，事經軒、邱[5] 兩人手，其所居五洲旅館主人畏罪逃，館舍查封者累月，事實

---

[1] 董作賓：《殷契佚存考釋·序》，南京金陵大學中國文化研所叢刊甲種，1933年，第三葉。
[2]《殷墟文字甲編》，簡稱《甲》。
[3] 郭若愚所綴《殷合》29 與《佚》986方案相同。此後裘錫圭加綴《合集》35277，見《合補》10436。林勝祥又加綴甲2283，見《甲骨綴合彙編》第109則。
[4] 董作賓：《殷墟文字甲編自序》，《中國考古學報》，1949年。又入《董作賓先生全集甲編》，臺北：藝文印書館，1977年，第1133—1150頁。
[5] 即河南民族博物院軒仲緗、邱耀亭。

昭然，縣府有案，可覆稽查也。施氏一批材料之淵源，大抵如此。"[1] 這部分甲骨被盜後，倒賣者運至北京，暗售西方人士，而施密士恰巧從北京廠肆間購得了其中的部分甲骨。近有學者按照時間線推理，認爲"被盜的那一箱甲骨極有可能是 1930 年春何日章在殷墟發掘的"；且推測"施美（密）士購藏甲骨的時間應該在 1930 年春到 1932 年 1 月初之間"[2]。有學者曾對現藏於哥倫比亞大學的施密士舊藏甲骨的來源、流傳與著錄等情況，進行過相關梳理。[3] 在美國哥倫比亞大學現藏的甲骨有 126 片，其中屬施密士舊藏者有 62 片。由早期拓本知，施密士在任教燕京大學期間購得甲骨至少有 80 片。1937 年，施密士還曾將購藏甲骨借給哥倫比亞大學圖書館舉辦展覽。1954 年施密士去世後，他的夫人富桂思將其中的 62 片甲骨捐贈給哥倫比亞大學。[4] 至今在美國紐約哥倫比亞大學東亞圖書館現藏的所有甲骨中，施密士舊藏甲骨是其中最大的一筆捐贈。

2017 年 9 月，哥倫比亞大學與 CADAL（大學數字圖書館國際合作計劃）[5] 共同合作將所藏甲骨包括真品、贋品和未經證實甲骨共計 126 片全部數位化，并將高清影像公佈於 CADAL 官網上計劃。施密士舊藏甲骨編號段集中分布於 c-001 至 c-063，其中 c-001 是由佚 266 與佚 257 兩片綴合而成，另 c-049、c-057 來源不詳，故施密士舊藏甲骨原有 62 片。而 1967 年 5 月，唐德剛在專欄上提道："施美（密）士舊藏原有 62 片，但最近倫敦

---

[1] 董作賓：《殷契佚存考釋·序》，南京金陵大學中國文化研所叢刊甲種，1933 年，第五—六葉。

[2] 李曉曉、陶雨輕：《美國歐柏林大學新見甲骨及相關問題研究》，2024 年 11 月 16—17 日，西南大學漢語言文獻研究所建所 40 週年紀念大會及古文字與古文獻國際學術研討會。又李曉曉：《美國歐柏林學院藏兩片甲骨及相關問題討論》，《紀念甲骨文發現 125 周年國際學術研討會——暨慶祝古代史研究所建所 70 周年、山東博物館建館 70 周年會議論文集（上）》。

[3] 朱曉雪：《美國哥倫比亞大學所藏甲骨梳理》，《華僑大學學報（哲學社會科學版）》，2017 年第 4 期；程名卉：《美國哥倫比亞大學藏甲骨整理研究的新收穫》，《出土文獻綜合研究集刊》第十六輯，2022 年。

[4] Adam Smith：The Ernest K. Smith Collection of Shang Divination Inscriptions at Columbia University, and the Evidence for Scribal Training at Anyang, East Asian Languages and Cultures, 2012。（此注轉引自程名卉《美國哥倫比亞大學藏甲骨整理研究的新收穫》之參考文獻）

[5] Special Collection of Oracle Bones by Members of CADAL Project, http://115.236.46.131:10085/special/oraclebones/index.html.

大學的李棪教授綴合了其中兩片，使得這部分藏品的數量縮減爲 61 片。"[1] 遺憾的是，CADAL 官網僅公佈了甲骨的正面照片，未有公布甲骨背面的影像。近有學者揭示，在美國歐柏林大學（Oberlin College）艾倫紀念藝術博物館（Allen Memorial Art Museum）藏有 2 片施密士舊藏甲骨，也是由富桂思捐贈。[2] 通過梳理比對，"國圖本"中有 62 片（c-001，即國圖本 1.29+2.37）現藏於美國哥倫比亞大學圖書館斯塔爾東亞分館，詳見書後附表三；有 1 片藏於美國歐柏林大學。

綜上，刊印於 1933 年的《佚》，收錄施密士舊藏甲骨 62 片，其拓本大致是在 1932 年至 1933 年 10 月之間"從朋好弄藏處借拓之"。"國圖本"收錄施密士舊藏甲骨 80 片，在 1931 年 7 月—1932 年 6 月之間已入藏北平圖書館（現爲中國國家圖書館），表明該拓本最晚產生於 1932 年 6 月之前；而"北大本"亦收錄施密士舊藏甲骨 80 片，且與"國圖本"相似度較高，有可能與"國圖本"屬於同期拓制。"史語本"是 1935 年董作賓派史語所人員造訪施密士時製作，時間顯然晚於《佚》、"國圖本"及"北大本"。據最新研究推理，施密士購藏甲骨的時間應該在 1930 年春到 1932 年 1 月初之間。[2] 準此，"國圖本"無疑屬於施密士舊藏甲骨最早期產生的一批拓本，從中可見施密士購藏甲骨的最初全貌。

---

[1] 轉引程文第 33 頁；譯自 Te-kongTang(1976)。按：CADAL 編號中缺失的 c-105，可能就是《佚》257。

[2] 李曉曉、陶雨輕：《美國歐柏林大學新見甲骨及相關問題研究》，2024 年 11 月 16—17 日，西南大學漢語言文獻研究所 40 週年紀念大會及古文字與古文獻國際學術研討會。

凡 例

一、原拓本集無頁碼、無編號，此次整理按原拓片的順序添加編號。

二、本書包括前言、拓本、釋文、檢索表四部分。"前言"詳細梳理施密士所藏甲骨的存世拓本、著錄、研究等。"拓本"部分爲原拓片原樣等大影印。個別拓片誤上下倒置，也保持原樣，在"釋文"部分作説明并附方向調正後拓片。個別綴合圖片以國圖藏品拓片等清晰圖重新製作，亦置于"釋文"部分。

三、每片甲骨除釋文外，還依次標其材質、組類、著錄、現藏（指甲骨實物的現藏單位，包含現藏單位和編號）等信息，并對該拓本與其他拓本比較等情況加以簡要説明。

四、本書甲骨釋文一般採用嚴式隸定。個別頻現字，如"鼎（貞）"，則徑用後起通用字。"□"表示缺一字，"……"表示所缺之字數不詳，"[ ]"表示按照文例或綴合片擬補之字。

五、本書引用的甲骨著錄、綴合材料一律使用簡稱，散見於已刊文章、網絡資源的綴合成果則列出所綴著錄號，并以"+"表示綴合。

六、凡釋文、表格中所列甲骨著錄書及收藏地等，皆用簡稱且加專名號（收藏地除外），全稱詳見書後所附檢索表十，即著錄書簡稱對照表。

拓 本

1.01

1.02

1.03

1.04

1.05

1.06

1.07

1.08

1.09

1.10

1.11

1.12

1.13

1.14

1.15

1.16

1.17

1.18

1.19

1.20

1.21

1.22

1.23

1.24

1.25

1.26

1.27

1.28

1.29

1.30

1.31

1.32

1.33

1.34

1.35

1.36

1.37

1.38

1.39

1.40

1.41

1.42

1.43

2.01

2.02

2.03

2.04

2.05

2.06

2.07

2.08

拓本

2.09

2.10

2.11

2.12

2.13

2.14

2.15

2.16

拓本

2.17

2.18

2.19

2.20

2.21

2.22

2.23

2.24

2.25

2.26

2.27

拓本

2.28

2.29

2.30

2.31

2.32

2.33

2.34

2.35

2.36

2.37

2.38

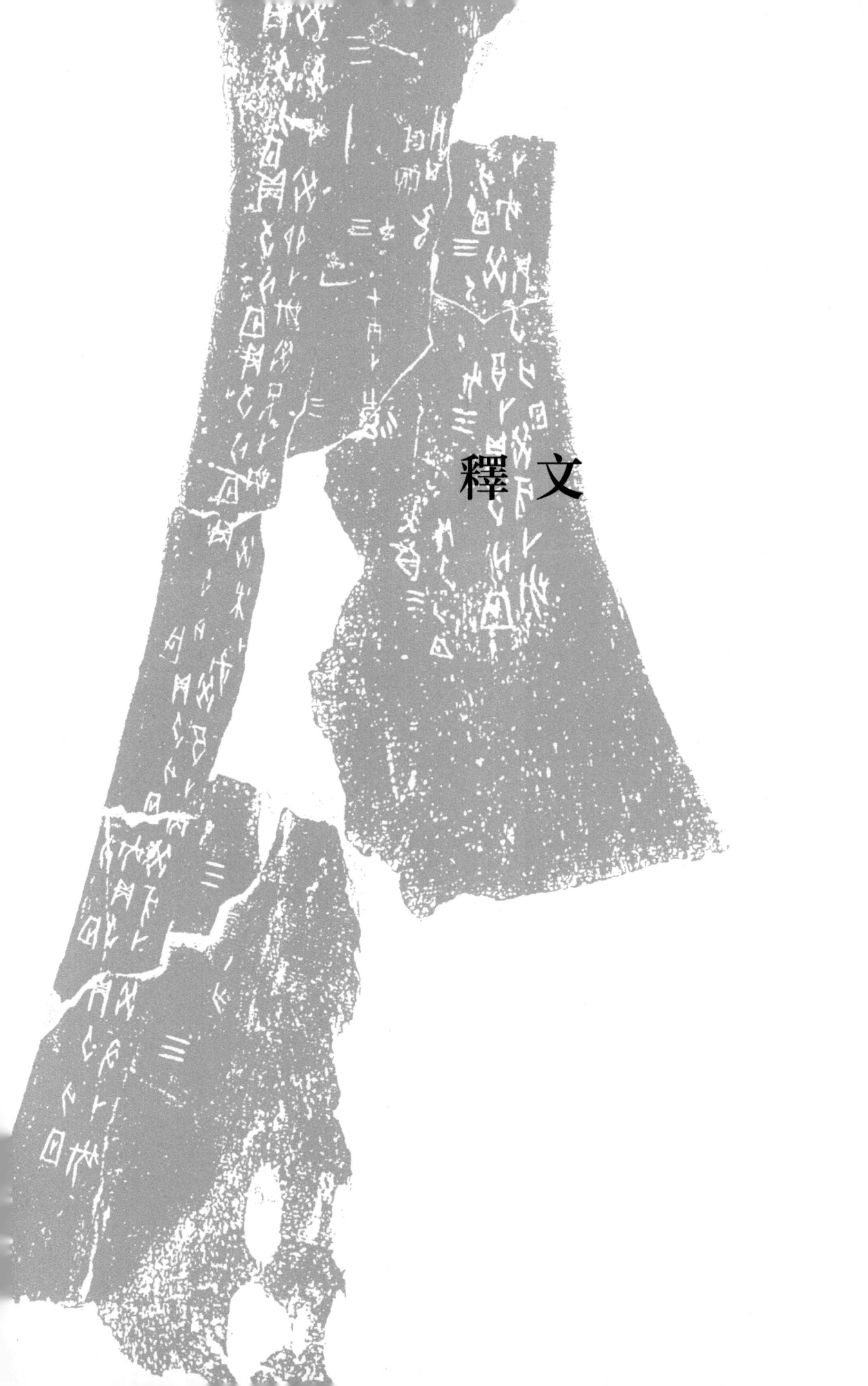

釋 文

1.01 甲 典賓
著録：《南師》2.71（摹本）、北大本 5.01

現藏：不詳

釋文：辛□卜……酒……一

1.02 甲 何組
著録：《佚》289、《美》474、《合集》29114、北大本 5.02

現藏：哥大，c-060

釋文：（1）……日甲……盂……田。

（2）弜……大……

1.03 骨 出組
著録：《南師》2.186（摹本）、北大本 5.27

現藏：不詳

釋文：（1）癸□［卜］……旬亡［囚］。

（2）□□卜，大［貞］……亡［囚］。

説明：本拓可與 1.26（《南師》2.185、北大本 5.26）綴合。

1.04 甲 何組
著録：《佚》280、《美》466、《合集》31905、北大本 5.04

現藏：哥大，c-052

釋文：……王……不……吉。

説明：本拓與《佚》280、《合集》31905 同；《美》466 卻不全，左側被裁剪"王"字已不見。

1.05 甲 何組
著録：《佚》258、《美》473、《合集》29507、北大本 5.05

現藏：哥大，c-059

釋文：（1）叀黃牛。

（2）庚子……

1.06 甲　何組
著錄：《佚》307、《美》476、《合集》28834、北大本 5.06

現藏：哥大，c-062

釋文：弜田……牢。

説明：本拓比《佚》307上端的齒紋更清晰，比《美》476、《合集》28834更完整。現藏 c-062 龜甲的左下角已殘缺，故《美》476、《合集》28834 的左下角亦殘，亦反映本拓和《佚》307要早於《美》476、《合集》28834。

1.07 甲　何組
著錄：《南師》2.214（摹本）、北大本 5.07

現藏：不詳

釋文：（1）辛卯［卜］，□貞：今夕［亡］囚。爻。

（2）□□卜，□［貞］……亡囚。

1.08 甲　何組
著錄：《南師》2.217（摹本）、北大本 5.08

現藏：不詳

釋文：癸巳卜，貞：旬亡囚。

1.09 甲　何組
著錄：《佚》306、《美》449、《合集》27956、北大本 5.09

現藏：哥大，c-035

釋文：貞：馬弜［先］，其每。

1.10 骨　何組

著録：《南師》2.218（摹本）、北大本 5.10

現藏：不詳

釋文：癸未［卜］,貞：旬……三

說明：原拓片上下顛倒，現調正，如圖1。

圖1

1.11 甲　何組

著録：北大本 5.11

現藏：不詳

釋文：吉。

1.12 甲　賓組

著録：《佚》296、《美》468、《合集》8711（北大 3 号 21）、《合集》15756、北大本 5.12

現藏：哥大，c-054

釋文：（1）……酒……方……牛。一

（2）貞：［于聿田母］敗［將柬］。［二月］。

說明：本片可與《合集》10084［《甲》1691+《甲》2029+《甲》1925（《合補》6819）］、《合補》4340（《甲》1072）、《合集》9104（《甲》1074）、《合集》9575（《甲》1167）、《甲》3243、《甲》1830、［《合集》13543（《甲》1048+《甲》

1066）+《合集》13544（《甲》1296）〕綴合，[1] 如圖 2。

圖 2《綴三》590 有調整

---

[1] 蔡哲茂:《甲骨新綴十二則》,《古文字研究》第二十九輯,北京:中華書局,2012 年,第 162—172 頁;又見《甲骨綴合三集》第 590 則。參蔡哲茂:《綴三 590 組考釋及相關問題》,《第三十三屆中國文字學國際學術研討會論文集》,輔仁大學,2022 年,第 101—110 頁。

1.13 甲 何組

著録：北大本 5.13

現藏：不詳

釋文：□［未］卜……旬［亡］囚。

1.14 甲 何組

著録：《佚》263、《美》434、《合集》27680、北大本 5.14

現藏：哥大，c-021

釋文：□□［卜］，狄［貞］……不……

1.15 甲 何組

著録：《佚》299、《美》439、《合集》31409、北大本 5.15

現藏：哥大，c-025

釋文：（1）癸□［卜］，貞：［旬亡囚］。

（2）癸未卜，壴貞：旬亡囚。

説明：原拓片上下顛倒，現調正，如圖3。

圖3

1.16 甲 何組

著録：《佚》293、《美》464、《合集》29767、《合集》31200、北大本 5.16

現藏：哥大，c-050

釋文：叀翌……秉。

説明：原拓片上下顛倒，現調正，如圖4。"秉"字，從禾、從口形，與農事活動有關。裘錫圭先生曾指出"用作動詞的'秉'應指處理禾稈的一種行爲。……大概也是當除秜講的，所以我們把'秉'包括在芟除工作裏"[1]。

圖4

1.17 甲 何組

著録：《佚》315、《美》465、《合集》30850、北大本5.17

現藏：哥大，c-051

釋文：□□卜，貞：王其……翌日酒二□，[王]受又。

説明：本拓與《美》465同，其下端尖角處及左側齒紋均比《佚》315、《合集》30850更完整。

1.18 甲 何組

著録：《南師》2.215（摹本）、北大本5.18

現藏：不詳

釋文：□午卜，壴[貞]：今夕亡□。

1.19 甲 何組

著録：《佚》304、《美》436、《合集》31565、北大本5.19

現藏：哥大，c-023

釋文：（1）癸亥卜，貞：今夕亡⊠。

（2）[丁]卯卜，壴貞：今夕亡⊠。

---

1 裘錫圭：《甲骨文中所見的商代農業》，《農史研究》第8輯，1989年，第12—41頁，又見《古文字論集》，北京：中華書局，1992年。

説明：本拓周圍的雖墨漬較多，但其龜甲片下端凹陷處的濃淡層次比《佚》304、《合集》31565更佳；而《美》436雖下端的"囚"字較其他拓片都完整，此凹陷處的層次卻不明。本片可與《合補》9885（北圖14983、善9581）綴合[1]，現用國圖現藏甲骨的新拓與《合集》31565重新做拼圖，如圖5。綴合後釋文：

（1）癸亥卜，貞：今夕亡囚。

（2）丁卯卜，壴貞：今夕亡囚。

（3）□酉卜，[貞]：今夕亡囚。

圖5

1.20 甲 何組

著錄：《佚》295、《美》458、《合集》29179、北大本5.20

現藏：哥大，c-044

釋文：（1）王叀□田省……

（2）……宮田……不雨。

1.21 甲 何組

著錄：《佚》301、《美》447、《合集》29396、北大本5.21

---

[1] 莫伯峰：《甲骨拼合第一〇六則》，先秦史研究室網站，2011年1月21日；又見黃天樹：《甲骨拼合續集》第409則。

現藏：哥大，c-033

釋文：辛丑［卜］，囗貞：王……瞀……

説明：瞀，郭沫若以爲"乃琇之古文，其旁從之香若宭爲古秀字。"[1] 饒宗頤指出"瞀從古文老子拔字之朮，益目旁，隸定可作眣。……當是人名。"[2]《小屯南地甲骨》皆作地名。[3] 于省吾認爲郭沫若説不可據，"形體多變异，於卜辭皆爲地名，無別。"[4] 而諸家隸定、釋讀各异，如《合集釋文》《校釋總集》隸定爲"瞀"，《摹釋全编》釋作"睦"，《甲骨文字编》釋作"叡"，《新甲骨文編》作"番"等。關於此字的釋讀莫衷一是，尚待探討。

1.22 甲 何組

著録：《佚》268、《美》444、《合集》26972、北大本 5.22

現藏：哥大，c-030

釋文：（1）虩……宗……

（2）用虩［大乙］肌（皆）。（行款：右行竪讀）

另有行款爲左行竪讀的釋文：（1）宗……虩（虞）……／（2）……［大乙］肌……用虩（虞）。參陳劍的《甲骨文旧释"瞀"和"蠿"的兩個字及金文"鼐"字新釋》[5]。

説明："虩"的字形和用法都與"執"相似，大多將其釋作"執"；姚孝遂認爲其像帶上刑具的"虎"方俘虜[6]；夏渌釋爲"虞"，認爲字形象"從夲（桎梏）夾住虎足"。裘錫圭不認同夏渌對字形的分析，卻以釋作"虞"可從。[7]

---

[1] 郭沫若：《卜辭通纂》，日本文求堂石印本，1933年，第146頁。1982年入《郭沫若全集·考古編》第二卷，北京：科學出版社。

[2] 饒宗頤：《殷代貞卜人物通考》，香港：香港大學出版社，1959年，第902—903頁。

[3] 中國社會科學院考古所：《小屯南地甲骨》，北京：中華書局，1980年，第853頁。

[4] 于省吾：《甲骨文字詁林》，北京：中華書局，1996年，第1409頁。

[5] 陳劍：《甲骨文舊釋"瞀"和"蠿"的兩個字及金文"鼐"字新釋》，《出土文獻與古文字研究》，2006年第一輯，第137頁。又入陳劍：《甲骨金文考釋論集》，2007年。

[6] 姚孝遂：《商代的俘虜》，《古文字研究》第一輯，第347、348頁。

[7] 于省吾：《甲骨文字詁林補編》第632頁。

1.23 甲　何組

著録：《南師》2.126（摹本）、北大本 5.23

現藏：不詳

釋文：囗丑卜，［貞］：今夕［亡］囚。

1.24 骨　歷組

著録：《佚》259、《美》459、《合集》33307、北大本 5.24

現藏：哥大，c-045

釋文：（1）庚……桒……

　　　（2）［庚］申，［貞］：其尋［桒］禾于高且。一

說明：本片可與《合集》33279綴合[1]，如圖6。綴合後釋文：

圖6

---

[1] 周忠兵：《歷組卜辭新綴》，先秦史研究室網站，2006年10月9日。

（1）庚申，貞：其秦禾于河。

（2）［庚］申，［貞］：其尋［秦］禾于高且。一

1.25 甲 何組

著録：《佚》264、《美》422、《合集》31800、北大本 5.25

現藏：哥大，c-008

釋文：……㭝 ▨ ……㠯。

説明：本拓與《美》422 同，左側齒紋較《佚》264、《合集》31800 更完整。"㭝"，即柏，爲田獵地名之一，參陳煒湛《甲骨文各期田獵地名表》[1]、宋鎮豪主編《商代地理與方國》[2]。"▨"爲未識字，待考。

1.26 甲 出組

著録：《南師》2.185（摹本）、北大本 5.26

現藏：不詳

釋文：（1）癸亥［卜］，貞：旬亡［囚］。

（2）□□卜，大［貞］：［旬］亡囚。

1.27 甲 何組

著録：《佚》285、《美》462、《合集》28081、北大本 5.28

現藏：哥大，c-048

釋文：貞：弜射。

説明：本拓與《合集》28081、《美》462 同，右側齒紋較《佚》285 更完整。

1.28 甲 黄組

著録：《佚》303、《美》467、《合集》39449、北大本 5.29

---

[1] 陳煒湛：《甲骨文各期田獵地名表》，《甲骨文田獵刻辭研究》，南寧：廣西教育出版社，1995 年，第 40—59 頁。

[2] 宋鎮豪主編：《田獵統計表》，《商代地理與方國》，北京：中國社會科學出版社，2010 年，第 188—196 頁。

現藏：哥大，c-053

釋文：戊□［卜］，貞……象。

説明：本拓的右側輪廓及左側齒紋均較《美》467、《佚》303、《合集》39449更完整。

1.29 骨 何組

著録：《佚》257、《美》414（415）上、《合集》27456上、北大本 5.30

釋文：壬子卜，何［貞］：其祝之，祝。一 二

説明：本片陸續有綴合，新近有如：《合集》27456［c-001+《甲》2799］+《合補》10222（《甲》2777、《甲》2778）+《甲》2591（《甲》2592）+R034724，[1] 詳解見本書 2.37、2.38。

1.30 甲 何組

著録：《佚》273、《美》421、《合集》29356、北大本 5.31

現藏：哥大，c-007

釋文：（1）王叀襄往射，祉🅇，畢……

（3）……［王］其……🅇……

説明：本拓與《合集》29356同，左側齒紋較《佚》273、《美》421更完整。

"🅇"多以爲地名，而陳夢家舊釋作"虨"，意爲白虎。[2] 近有學者指出"🅇（䖑）"从虎鬲声，鬲古音來母錫部；虨字明母錫部，[3] 其聲符冃（冥）爲明母耕部。虨、䖑一聲之轉，形符皆从虎。从鬲或从冃（冥）聲當爲聲符替換。"🅇（䖑）"或爲虎之專名，卜辭中"虨兕"均爲所射的猎物，當然"虨"字理解爲地名辭例亦通。[4]

---

1 此版近年的綴合有劉影：《甲骨新綴第181組》，先秦史研究室網站，2014年8月10日；又見劉影：《幾組綴合爲甲骨學研究提供的新材料》，《故宫博物院院刊》，2016年第2期，《甲骨拼合四集》第875則。周忠兵：《一版甲骨新綴及相關問題研究》，《古文字研究》第三十四輯，2022年。加綴R034724，見沈駿傑：《甲骨試綴第二則》，先秦史研究室網站，2024年8月13日。

2 陳夢家：《殷虚卜辭綜述》，北京：中華書局1988年，第555頁。

3《説文解字》"虨"言"聲讀若鬲"，鬲爲明母錫部字。

4 張俊成：《讀契札記三則》，《甲骨文與殷商史》新十二輯，2022年，238—243頁。

1.31 甲　何組

著錄：《佚》316、《美》437、《合集》31477、北大本 5.32

現藏：哥大，c-024

釋文：（1）癸□［卜］，［叩］貞：［旬］亡［囚］。

（2）［癸］□卜，叩貞：旬亡囚。

説明：本拓與《美》437、《合集》31477 同，上端尖角較《佚》316 更完整。

本片可與《合集》29721+《合補》10058、《合集》31474、《合補》10059、《合補》10057+《合集》31467 遙綴，[1] 如圖 7。

圖 7

---

[1] 張軍濤：《何組甲骨新綴十九組》，先秦史研究室網站，2009 年 4 月 22 日，遙綴似可商。

1.32 甲　黃組

著録：《南師》2.231（摹本）、《合集》41721（摹本）、北大本 5.33

現藏：不詳

釋文：□□卜，貞：王［宜］且丁啟日，［亡］尤。

1.33 甲　何組

著録：《佚》291、《美》477、《合集》31242、北大本 5.34

現藏：哥大，c-063

釋文：……□亡災。

說明：本拓與《佚》291、《合集》31242同，較《美》477（左側有裁剪）更完整。

1.34 甲　何組

著録：《佚》312、北大本 5.35

現藏：不詳

釋文：壬□［卜］，貞𠂤（卒）［犬（逐）］。

說明：本片可與《合集》28493（《佚》294、《美》429）綴合,[1] 即 1.34+2.19，如圖8。綴合後釋文：

（1）貞：翌日王其田，湄日亡災。

（2）壬午卜，貞：王其田，卒犬（逐）。

何組屢見"卒犬（逐）"辭例。該片中"卒"字作"𠂤"，缺刻"衣"形的上半部分，類似的寫法見於北圖 12675[2]、合集 33370 等。

---

1 程名卉：《美國哥倫比亞大學藏甲骨整理研究的新收穫》,《出土文獻綜合研究集刊》第十六輯，2022 年，第三頁。

2 北圖 12675 可與北圖 12176（《合集》29389）綴合。

圖 8

1.35 甲 無名組

著録：《佚》262、北大本 5.36

現藏：哥大，c-006

釋文：……□……叀……翌……

説明：本拓的齒紋比《佚》262 更完整，字口更清晰。原拓片上下顛倒，現調正，如圖 9。

圖 9

1.36 甲 何組

著録：《佚》305、《美》472、《合集》27032、北大本 5.37

現藏：哥大，c-058

説明：本拓與《佚》305、《美》472、《合集》27032 基本一致；可與《合集》27739(《甲》1875+《甲》1896)綴合,[1] 如圖10。據《拼三》編者指出："臺"字的釋讀,參看姚萱《殷墟花園莊東地甲骨卜辭的初步研究》[2],"茨"字的釋讀,參看周忠兵《釋甲骨文中反映商貸生活的兩個字·釋"茨"》[3];"辛"下一字應看作"茨臺"兩字的合文,"茨"與"臺"公用"宀"旁。

綴合後釋文：

(1) 辛酉卜，劍叀今日辛茨臺，弗每。

(2) ……莫……五人……〔王〕受又又。

圖10

1.37 甲 何組

著錄：《佚》272、《美》431、《合集》31488、北大本5.38

現藏：哥大，c-018

---

1 李愛輝：《甲骨拼合第205則》，先秦史研究室網站，2012年11月25日；李愛輝：《史語所藏甲骨綴合六則》，《中國文字》新39期，2013年。又見《甲骨拼合三集》第748則。

2 姚萱：《殷墟花園莊東地甲骨卜辭的初步研究》，北京：綫裝書局，2006年，第123—126頁。

3 周忠兵：《釋甲骨文中反映商貸生活的兩個字·釋"茨"》，《"承繼與拓新——漢語語言文字學國際研討會"論文集》，香港中文大學，2012年。

釋文：癸巳卜，逆貞：旬亡囧。

說明：本拓與《佚》272、《合集》31488同，比《美》431（左側裁剪）更完整。

1.38 甲　何組

著録：《佚》267、《美》432、《合集》31612、北大本5.39

現藏：哥大，c-019

釋文：（1）丁巳卜，逆貞：今夕亡囧。

（2）□巳卜，口貞：今夕亡囧。

說明：本拓與《美》432在左尾甲的下端尖角處墨拓基本一致，較《佚》267、《合集》31612更完整。

1.39 甲　何組

著録：《南師》2.34（摹本）、北大本5.40

現藏：不詳

釋文：其雨。

1.40 甲　何組

著録：《南師》2.224（摹本）、北大本5.41

現藏：不詳

釋文：丙□［卜］，貞……亡……一

1.41 甲　何組

著録：《佚》313、北大本5.42

現藏：不詳

釋文：……狄……

1.42 骨 歷組
著録：《佚》269、《合集》35237、北大本 6.01
現藏：哥大，c-034
釋文：……糞曰□……

1.43 甲 黃組
著録：《南師》2.246（摹本）、北大本 5.03
現藏：不詳
釋文：貞：王……叙亡尤。

2.01 甲 出組
著録：《佚》311、《美》460、《合集》24538、《合集》29475、北大本 6.04
現藏：哥大，c-046
釋文：貞：牝。

2.02 甲 黃組
著録：《佚》309、《美》451、《合集》36979、北大本 6.11
現藏：哥大，c-037
釋文：……今歲不［受］年。
説明：本拓與《佚》309、《合集》36979同，而《美》451的左側裁剪不全。

2.03 甲 何組
著録：《佚》297、《美》475、《合集》29411、北大本 6.05
現藏：哥大，c-061
釋文：（1）丁丑卜，狄貞：王叀彔斀，亡災。
　　　（4）□□［卜］，狄［貞］……□……［大］雨。
説明：（1）彔，除《校釋總集》釋作"褖"，諸家皆未釋。
　　　（2）斀，即斀；用爲動詞，當指獵鹿而言，參《甲骨文字詁林》

第 0617 條。于省吾先生曾釋甲骨文的"[林]"字爲柀，即"散"字初文。[1] 劉釗指出"散"字的用法皆與田獵有關，因田獵大都于山林進行，故甲骨文"散"字又從"山麓"之"麓"作[字]（《合集》28320）。因"麓"字和"散"字都從林，故又可省去一個"[林]"旁而公用一個"[林]"旁作[字]（《合集》29098），又可將所從之"[林]"旁省成"木"字作[字]（《合集》29411）。[2]

2.04 甲　何組

著録：《佚》275、《美》441、《合集》30307、北大本 6.06

現藏：哥大，c-027

釋文：……于宗用，王受又又。

2.05 甲　何組

著録：《佚》314、《美》455、《合集》30885、北大本 6.08

現藏：哥大，c-040

釋文：（1）癸亥卜，狄貞：叀[字]至，王受又。

　　　（2）于……酒……

説明："[字]"，《摹釋總集》《摹釋全編》釋作"黽"；金文中也有其形，如[字]（《集成》8793）、[字]（《集成》8794）。單育辰認爲舊釋"黽"，毫無道理，二字字形沒有相同之處。[3] 魏慈德則認爲它可能是"子"的异體。[4] 有人據無名組的《合集》27528、《合集》27641、《合集》30025、《屯南》766、《屯南》2363 等，與何組的《合集》27194、《合集》30632、《合集》30885、《合集》31897 是一組卜問"[字]至"的甲骨，都跟祭祀有關，估計[字]是一種人物。[5] 總之，關於"[字]"的考釋，還有待深入。

---

1 于省吾《殷代的交通工具和傳制度》，《東北人大人文學科學報》，1955 年第 2 期。
2 劉釗：《古文字構形學》，福州：福建人民出版社，2006 年，第 254 頁。
3 單育辰：《甲骨文所見動物研究》，上海：上海古籍出版社，2020 年，第 258—259 頁。
4 魏慈德：《論同見於花東卜辭與王卜辭中的人物》，《故宮博物院刊》，2005 年第 6 期，第 34—41 頁。
5 劉義峰：《無名組卜辭的整理與研究》，北京：金盾出版社，2014 年，第 202 頁。

2.06 甲　何組

著録：《南師》2.225（摹本）、北大本6.09

現藏：不詳

釋文：弜……二

2.07 牛右肩胛骨　何組

著録：《南師》2.220（摹本）、北大本6.10

現藏：歐柏林，1962.20B正、1962.20B反

釋文：（1）癸……貞……三

　　　（2）□□卜，何貞……亡囚。

説明：本拓以往著録僅見摹本，即《南師》2.220。甲骨現藏於美國歐柏林大學艾倫紀念藝術博物館，即1962.20B正反，如圖11、圖12。

蔡哲茂曾用史語所藏本中的"施美（密）士9"與《合集》31358綴合，即《甲骨綴合集》第100則（圖13）。"本片之上半施美（密）士9據中央研究院史語所藏拓。施美（密）士所藏之甲骨，部分已著録於《殷契佚存》。"[1]後林宏明加綴《合集》31338、《合集》31318，即《醉古集》7=[《綴集》100=《合補》9986正=《合集》31358正（《甲》2871）+施美（密）士9]+《合集》31338/《殷合》53/《甲釋》53（《甲》2862+《甲》2873）+《合集》31318（《甲》2657）[2]，如圖14。綴合後釋文：

（1）癸丑卜，何貞：旬亡囚。三

（2）癸亥卜，何貞：旬亡囚。三

（3）癸酉卜，何貞：旬亡囚。

（4）癸未卜，何貞：旬亡囚。

（5）癸巳卜，何貞：旬亡囚。三

（6）癸卯卜，何貞：旬亡囚。三

（7）癸丑卜貞：旬亡囚。三

1　蔡哲茂：《甲骨綴合集》，臺北：樂學書局，1999年，第131頁。
2　林宏明：《醉古集——甲骨的綴合與研究》，萬卷樓，2011年，第7頁。

（8）癸亥卜，何貞：旬亡囚。三

（9）癸酉卜，何貞：旬亡囚。三

（10）[癸]□卜，何[貞：旬]亡囚。

（11）甲子卜，彭貞：其歲宰五十（匕乙？）[1]。

（12）癸酉貞：旬亡囚。三

圖 11

圖 12

圖 13

1 此條卜辭《甲骨文摹本大系》釋文爲："甲子卜，彭貞：其引歲宰五十"；并有反面釋文。

圖 14

2.08 甲 何組

著録：《南師》2.221（摹本）、北大本 6.07

現藏：不詳

釋文：（1）癸丑卜，□貞：旬亡囚。

（2）□□卜，□［貞］……囚。

2.09 甲 何組

著録：《佚》265、《美》440、《合集》28396、北大本 6.12

現藏：哥大，c-026

釋文：弗㴂……兕。

2.10 甲 歷組

著録：《佚》270、《美》452、北大本 6.13

現藏：哥大，c-038

釋文：翌。

2.11 甲 賓組

著録：《佚》290、《美》470、《合集》3203（北大 3 号 20）、《合集》15386、北大本 6.02

現藏：哥大，c-056

釋文：（1）……㚸來……丁用。一

（2）貞……衍。一

（3）貞……

説明：本拓與《佚》290、《合集》3203、《合集》15386 基本一致，而《美》470 左側裁剪不全。

"衍"乃"㢟（延）"之繁體，參《甲骨文字詁林》第 2297 條[1]及《甲骨

---

[1] 于省吾：《甲骨文字詁林》，北京：中華書局，1996 年，第 2238—2239 頁。

文字詁林補編》第2290條[1]。

2.12 甲 何組
著録：北大本6.03
現藏：不詳
釋文：……亡……吉

2.13 甲 何組
著録：《佚》310、《美》469、《合集》29496、北大本6.14
現藏：哥大，c-055
釋文：(1) 貞：牢……王受[又]。吉
　　　(2) [叀]勿牛。

2.14 甲 何組
著録：《佚》260、《美》445、《合集》27181、北大本6.15
現藏：哥大，c-031
釋文：丙午卜，囗貞：三且丁眾[毓]且丁酒，王受又又。
説明：商王日名爲丁者，在廩辛、康丁以前有報丁、大丁、中丁、祖丁、武丁，陳夢家曾指出"三祖丁應是中丁"，但對第二個"祖丁"之前是否應補"后（毓）"存疑。[2]有學者指出由於《合集》選自《佚》260，其拓本不清晰，很難看出有"毓祖丁"之"毓"，但似可見"毓"字所從之"母"的上半部分。又《合集釋文》《摹釋》均釋爲"毓"，當是可信的。[3]今據甲骨實物照片看，"毓"字之"母"的上半部分確存無疑。

---

1 何景成：《甲骨文字詁林補編》，北京：中華書局，2017年，第558頁。
2 陳夢家：《殷墟卜辭綜述》，北京：中華書局，1988年，第423頁。
3 黃國輝：《傳統與變革之間——商周親屬稱謂的演進》，鄭州：河南人民出版社，2019年，第96—97頁。

2.15 甲 何組
著錄：《佚》279、《美》438、《合集》30836、北大本 6.29

現藏：哥大，c-011

釋文：貞：叀莫酒。

2.16 骨 㠯組
著錄：《佚》298、《美》457、《合集》31766、《合集》35271、北大本 6.17

現藏：哥大，c-043

釋文：崔㞢。

2.17 牛右肩胛骨 㠯組
著錄：《佚》276、《美》419、《合集》20397、北大本 6.18

現藏：哥大，c-005

圖 15

釋文：（1）壬戌又雨。今日小采允大雨。延伐，翌日隹启。

（2）□亥卜，王，令方□[伐]峀方櫓。

説明：本片可與《合集》22337（《甲》2355）綴合[1]，如圖15。

綴合後釋文：

（1）壬戌又雨。今日小采允大雨。延伐，翌日隹启。

（2）癸亥卜，王，令方□弜伐峀方櫓。

2.18 甲　何組

著録：《佚》283、《美》450、《合集》31438左、北大本6.19

現藏：哥大，c-036

釋文：（1）癸未卜，口貞：旬亡囚。

（2）癸亥卜，口貞：旬亡囚。

説明：本片與《佚》287 [《合集》31452+《合集》31454+《合集》27704] 綴合，即《合集》31438（本書2.18與2.32綴合），又可與《合集》31445（《甲》2067）綴合[2]，如圖16；詳解見本書2.32。綴合後釋文：

（1）癸卯卜，口貞：旬亡囚。二

（2）□□卜，口[貞：旬]亡囚。二

（3）癸卯卜，口貞：旬亡囚。二

（4）[癸]酉卜，口[貞]：旬亡囚。

（5）癸巳卜，口貞：旬亡囚。

（6）癸亥卜，口貞：旬亡囚。二

（7）癸未卜，口貞：旬亡囚。二

---

1 程名卉：《美國哥倫比亞大學藏甲骨整理研究的新收穫》，《出土文獻綜合研究集刊》第十六輯，2022年，第39頁。

2 張軍濤：《殷墟甲骨新綴第49—55則》，先秦史研究室網站，2019年1月7日。

圖 16

2.19 甲 何組

著録：《佚》294、《美》429、《合集》28493、北大本 6.20

現藏：哥大，c-016

釋文：（1）貞：翌日王其田，［湄］日亡災。

（2）［壬］午卜，狄［貞］：王其田［卒］犬（逐）。[1]

説明：甲骨拓片製作時，常用墨色的濃淡層次來呈現甲骨表面的凹凸。

---

[1] 裘錫圭（1990）將此字釋爲"豕"，是"逐"字之省。同時也指出何組卜辞里"犬""豕"往往難分辨，有以"犬"表"逐"的可能性。收于《裘錫圭学术文集》的該文補記中，將"豕"改釋爲"犬"，并對王子楊"'犬'善逐，故即以'犬'表'逐'"的意見表示認同。

本片龜甲的下端有一處深凹，不易着墨處在拓片即呈現爲一處"白斑"。本拓的"白斑"大小介於《美》429、《佚》294（《合集》28493）之間。

本片可與+《佚》312綴合，[1] 即1.34+2.19；綴合圖參見1.34。

2.20 甲　何組

著録：《佚》277、《美》427、《合集》29395、北大本6.21

現藏：哥大，c-014

釋文：（1）貞：王……自麥，［卒］犬（逐）亡災。

　　　（2）辛丑卜，彭貞：翌日壬王昪其田𦥑，湄日亡災。

2.21 骨　何組

著録：《佚》284、《美》428、《合集》31325、北大本6.24

現藏：哥大，c-015

釋文：（1）癸巳卜，何貞：旬亡𡆥。

　　　（2）［癸］□卜，何［貞：旬］亡𡆥。

説明：本拓完整地拓出該牛骨右側邊緣處的骨面殘缺及斷面的層次，比《佚》284、《美》428、《合集》31325更完整。

2.22 牛左肩胛骨　何組

著録：《佚》278、《美》442、《合集》31366、《合集》31406、北大本6.25

現藏：哥大，c-028

釋文：（1）癸［亥卜］，［狄貞：旬亡𡆥］。

　　　（2）癸酉卜，狄貞：旬亡𡆥。

　　　（3）癸未卜，彭貞：旬亡𡆥。

説明：原拓片上下顛倒，現調正，如圖17。

本片與《甲》2442綴合，即《合集》31406，又可與《合集》31395（《甲》

---

[1] 程名卉：《美國哥倫比亞大學藏甲骨整理研究的新收穫》，《出土文獻綜合研究集刊》第十六輯，2022年，第37頁。

圖 17

圖 18

2561）綴合[1]，如圖 18。綴合後釋文：

(1) 癸丑卜，□貞：旬亡［囚］。

(2) 癸亥卜，狄貞：旬亡囚。

(3) 癸酉卜，狄貞：旬亡囚。

---

1 林宏明：《醉古集——甲骨的綴合與研究》第 3 則。

（4）癸未卜，彭貞：旬亡囚。

（5）癸巳［卜］，彭貞：旬亡囚。

（6）癸卯卜，彭貞：旬亡囚。二

2.23 牛右肩胛骨　何組

著録：《佚》282、《美》430、《合集》31356、《合集》31365、北大本 6.26

現藏：哥大，c-017

釋文：（1）［癸丑卜，何貞：旬］亡［囚］。

（2）癸亥卜，何貞：旬亡囚。一月

（3）癸酉卜，何貞：旬亡囚。

（4）［癸］未卜，何貞：［旬亡］囚。

説明：原拓片上下顛倒，現調正，如圖 19。

本拓與《佚》282、《合集》31356 同，其右上角的骨皮殘損處拓得比《美》430、《合集》31365 更完整。

本片可與《合集》31330（《甲》2513+《甲》2529）、《合補》10124（《甲》2425）、《合集》31363（《合補》9999、《甲》2701）綴合，[1] 如圖 20。

綴合後釋文：

（1）癸［丑卜，何貞：旬］亡［囚］。

（2）癸亥卜，何貞：旬亡囚。一月

（3）癸酉卜，何貞：旬亡囚。

（4）癸未卜，何貞：旬亡囚。

（5）癸巳卜，何貞：旬亡囚。二

（6）癸卯卜，何貞：旬亡囚。二

（7）癸亥卜，何貞：旬亡囚。二

---

[1] 莫伯峰：《何組甲骨拼合六則》，《中國文字》新 38 期，2012 年。又入《甲骨拼合續集》第 413 則。

圖 19

圖 20

2.24 甲 何組

著録：《佚》286、《美》435、《合集》31437、北大本 6.27

現藏：哥大，c-022

釋文：（1）癸未卜，口貞：旬亡囚。

（2）癸亥卜，口貞：旬亡囚。

2.25 骨 自組

著録：《佚》256、《佚》986、甲释 87、《美》418、《合集》32385 左上、

《合補》10436 左上、北大本 6.28

現藏：哥大，c-004

釋文：（1）□未卜，桒上甲、大乙、大丁……

（2）□申卜……

（3）□申，雨，自入乙。

（4）辛……

說明：原拓片上下顛倒，現調正，如圖21。

本拓與《佚》256、《美》418同。董作賓最早將本片與《甲》2282綴合，即《佚》986；又重見《甲釋》87、《合集》32385。後裘錫圭加綴《合集》35277[1]，即《合補》10436；林勝祥續綴《甲》2283[2]，如圖22。後陳逸文又新加綴《合集》22484，并指出"本版多辭卜問祭祀祖先之事，但人物與排序略有不同，值得注意。"[3] 此版刻辭雖屬於習刻之作，但第（3）辭完整地記錄自上甲到祖丁十示之名，對商代世系的繼承情况亦提供參考之例證。

綴合後釋文：

（1）丁巳卜，燓哭〔从〕……

（2）己未卜，〔桒〕雨自上甲、大乙、大丁、大甲、大庚、〔大〕戊、中丁……

（3）己未卜，桒雨自上甲、大乙、大丁、大甲、大庚、大戊、中丁、且乙、且辛、且丁，十示率牡。

（4）……〔大〕□、大丁、大甲、大戊、大庚、雝己、中丁、且辛、且丁率示……

（5）庚申卜，……从。

（6）辛酉卜，舞今日……

（7）□申雨……大……辛未。

（8）……岳……

---

1 裘錫圭：《甲骨綴合拾遺》，《古文字研究》第十八輯，1992年，第31—44頁；收入《裘錫圭學術文集·甲骨文卷》，上海：復旦大學出版社，2012年，第28—298頁。

2 蔡哲茂：《甲骨綴合彙編》第109則。

3 陳逸文：《殷墟文字甲編新綴十二組》，《淡江中文學報》第二十九期，2013年。

圖21

圖22

施密士舊藏甲骨文字

108

2.26 骨 何組

著録：《佚》261、《美》433、《合集》30469、北大本 6.34

現藏：哥大，c-020

釋文：（1）戊申卜，［何］貞：翌□□其又……⟩……一

（2）□申卜，何［貞］……其宰。

2.27 骨 何組

著録：《佚》308、《美》456、《合集》29552、《合集》30519（北大 1 号 29）优、北大本 6.33

現藏：哥大，c-042

釋文：（1）庚寅卜，貞：其大宰。一

（2）貞：又彡。

説明：本拓與《佚》308、《合集》30519同，優於《美》456、《合集》29552，後兩者拓紙有褶皺。

2.28 骨 𠂤組

著録：《佚》300、《美》453、《合集》31886、《合集》20794、《合補》6954左上、北大本 6.32

現藏：哥大，c-041

釋文：（1）……壬戌。癸亥。甲［子］……（干支習刻）

（2）壬戌。癸亥。甲子……（干支習刻）

説明：本片與《合集》21475（《甲》2878、《甲》2879）綴合，見《綴彙》0429；即《合補》6954正（圖23），而《合補》6954反則上下顛倒，現調正（圖24）。

綴合後釋文：

正：（1）……壬戌。癸亥。甲子。乙丑。丙寅。丁卯。戊辰。己［巳］……（干支習刻）

（2）壬戌。癸亥。甲子。丙寅。丁卯。戊辰。己巳……（干支習刻）

圖 23

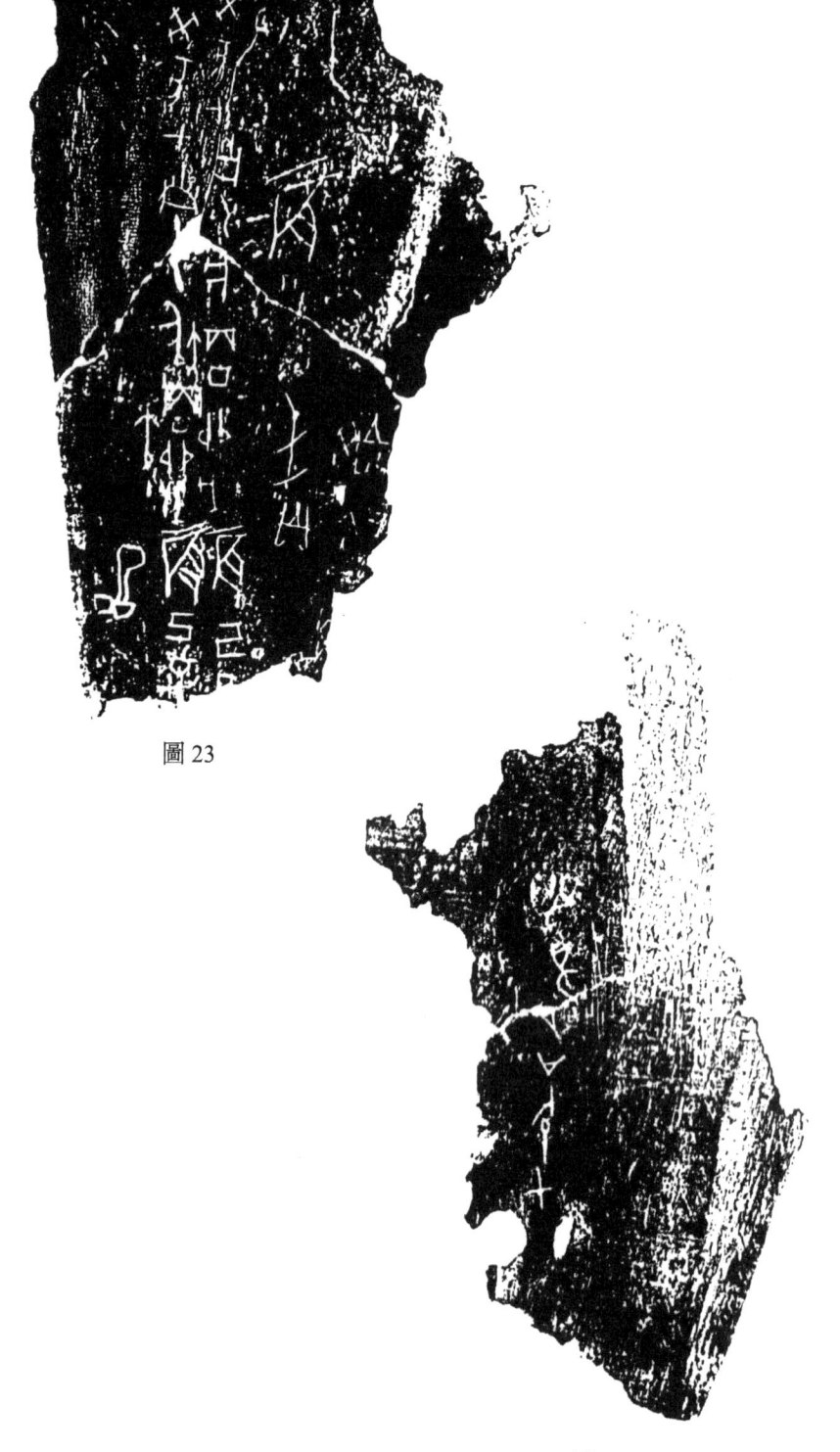

圖 24

（3）疋自卣。（其餘爲干支習刻）

背：甲午卜，今夕欠……（倒刻）

2.29 甲　何組

著錄：《佚》292、《美》424、《合集》29092、北大本 6.23

現藏：哥大，c-010

釋文：（1）今……昏……

（2）丙寅卜，狄貞：盂田，其遷栿，朝又雨。

説明：本拓的上端斷面碴口墨拓與《佚》292、《合集》29092同，均比《美》424更完整。

釋文中的"栿"，即散之初文，詳參本書2.03處。"遷"，《甲骨文字編》《新甲骨文編》釋作"迅"。

此片可與《合集》28541（《甲》1804）及《甲》1788相互綴合，[1]如圖25。綴合後釋文如下：

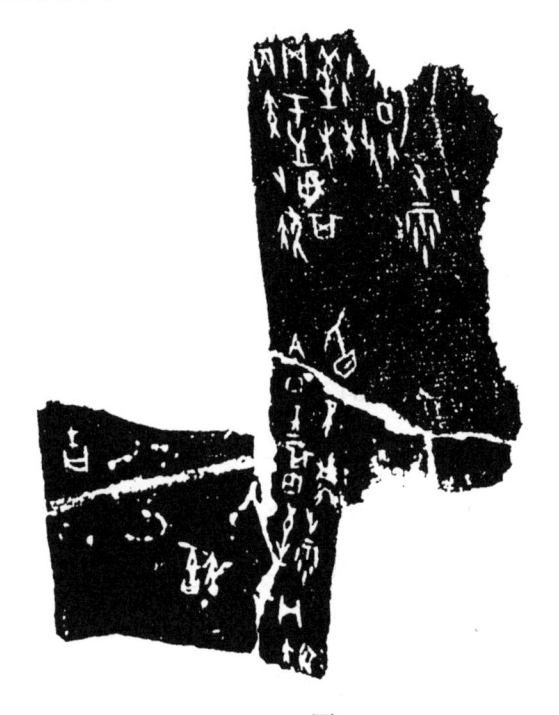

圖25

---

[1] 張軍濤：《殷墟甲骨新綴第148—151則》，先秦史研究室網站，2020年9月18日。

（1）丙寅卜，狄貞：盂田其遷㭤，朝又雨。
（2）今日王其田至昏不遘雨。大吉
（3）吉
（4）貞：翌……

2.30 甲　何組

著録：《佚》281、《美》454、《合集》28471、北大本 6.22

現藏：哥大，c-039

釋文：（1）乙□［卜］，［狄］貞……一
　　　（2）辛巳卜，狄貞：王其田，往來亡災。

2.31 甲　何組

著録：《佚》288、《美》426、《合集》29088、北大本 6.30

現藏：哥大，c-013

釋文：（1）乙丑卜，貞：王其田，往來亡災。
　　　（2）辛亥卜，狄貞：王田盂，往來亡災。

2.32 甲　何組

著録：《佚》287、《美》423+《美》443+《美》461、［《合集》31452+《合集》27704+《合集》31454］、《合集》31438 右、北大本 6.16

現藏：哥大，c-009、c-029、c-047

釋文：（1）癸卯卜，囗貞：旬亡𡆥。二
　　　（2）□□卜，囗［貞：旬］亡𡆥。二
　　　（3）癸卯卜，囗貞：旬亡𡆥。二二

説明：本拓與《佚》287 同，可與 2.18 綴合。此版龜甲於施密士早期收藏時尚完整，後斷裂爲三塊，即《美》423（《合集》31452）、《美》443（《合集》27704）、《美》461（《合集》31454）。

曾毅公曾將此版與《佚》283 綴合，并與《佚》286 遙綴，見《綴編》

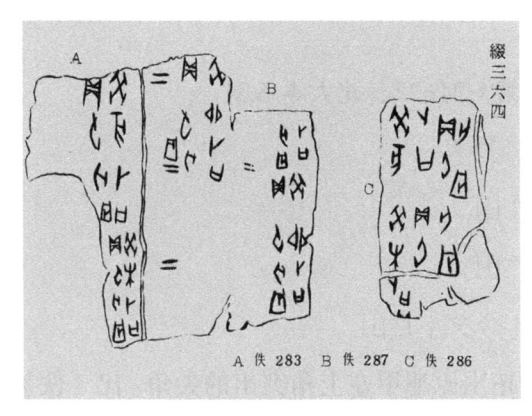

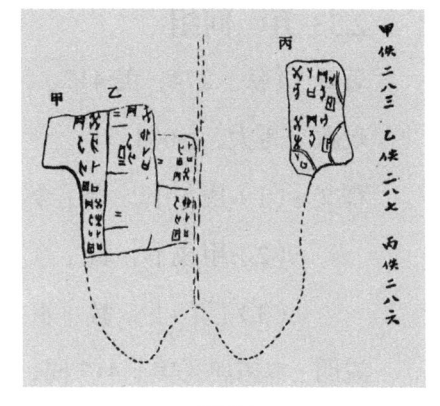

圖 26

圖 27

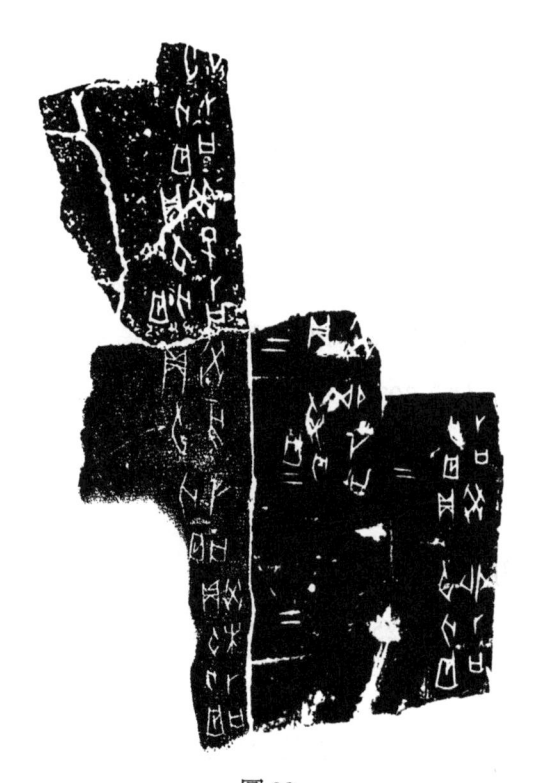

圖 28

364¹（圖 26）；又入嚴一萍《綴新》481²（圖 27），《合集》捨棄遙綴的《佚》286，僅將《佚》287+《佚》283 著錄爲《合集》31438。今有人加綴《合集》31445（《甲》2067），³ 如圖 28。

---

1 曾毅公：《甲骨綴合編》，北京：修文堂書房，1950 年。
2 嚴一萍：《甲骨綴合新編》，臺北：藝文印書館，1975 年。
3 張軍濤：《殷墟甲骨新綴第 49—55 則》，先秦史研究室網站，2019 年 1 月 7 日。

2.33 甲 何組

著録:《佚》274、美 417、《合集》31622、北大本 6.31

現藏:哥大,c-003

釋文:(1)庚午卜,貞:今夕亡囚。

(2)甲戌卜,貞:今夕亡囚。

(3)□□卜,教[貞]:[今夕]亡囚。

説明:本拓與《美》417同,均拓出原龜甲左上角突出的尖角;比《佚》274、《合集》31622更完整,後兩者此處爲圓角。

2.34 骨 賓組

著録:《佚》302、《美》446、《合集》16643(北大 3 号 18)、北大本 6.35

現藏:哥大,c-032

釋文:(1)癸丑[卜],[亏]貞:旬[亡囚]。一

(2)癸丑卜,亏貞:旬亡囚。一月。

説明:本拓與《佚》302、《合集》16643基本一致,而《美》446漏拓兆序"一"。

2.35 牛右肩胛骨 出組

著録:《佚》271、《美》425、《合集》24248、《合補》7257 右下、北大本 6.36

現藏:哥大,c-012

釋文:(1)癸丑卜,行貞:王其步自良于𠭯,亡災。一

(2)癸丑卜,行貞:今夕亡囚。才𠭯卜。一

(3)甲寅卜,行貞:王其田亡災。才二月,才自𠭯。一

(4)乙卯卜,行貞:今夕亡囚。才二月。一

(5)乙卯卜,行貞:王其田,亡災。才……

説明:本拓與《佚》271、《合集》24248略同,均優於《美》425(拓紙有褶皺)。

松丸道雄將本片與《合集》24478(《甲》2828)綴合,後白玉崢加綴《合

集》24377（《甲》2854）[1]，即《合補》7257。

2.36 牛左肩胛骨　何組

著録：《佚》255、《美》416、《合集》26975下（《佚》255+《甲》2803）、北大本6.37

現藏：哥大，c-002

釋文：（1）庚戌［卜］，囗［貞］……辛亥……一

　　　（2）庚戌卜，何貞：匕辛歲其叙羧。二

　　　（3）庚戌卜，何貞：其于來辛酉。三

　　　（4）庚申卜，何貞：翌辛酉虢其佳。一

　　　（5）庚申卜，何。二

　　　（6）庚申卜，何。三

　　　（7）［庚申卜］，何。［四］

　　　（8）［庚申卜，何。五］

　　　（9）甲申。乙酉。丙戌。丁亥。戊子。己丑……六

　　　（10）乙巳。丙午。丁未……

説明：本拓與《佚》255、《合集》26975略同，比《美》416更完整；《美》416拓片骨面上有裂紋，與該骨的現狀一致，即《美》416屬晚拓的明證。

2.37（面）、2.38（背）牛左肩胛骨　何組

著録：《佚》266面、《美》414（面）、《美》415（背）、《合集》27456（正反）、北大本6.38（背）、北大本6.30（面）

現藏：哥大，c-001

説明：本拓的面、背，與《佚》266面、背略同，但《佚》266背拓上下倒置。《合集》27456（正）即本片與《佚》257、《甲》2799的綴合，《合集》27456（反）仍與《佚》266背一致，仍未予綴合。《美》414、《美》415係兩殘骨片粘合成現藏（c-001）之後所墨拓，故拓片更完整。

1　蔡哲茂：《甲骨綴合彙編》第456則。

本片的綴合研究不斷，新近有如：《合集》27456 正 [《美》414（《佚》257+《佚》266 正）+《甲》2799] +《甲》2777（《合補》10222 正）+《甲》2591（《合集》28148 正）+R034724；反：《合集》27456 反 [《佚》266 反（《美》415）] +《甲》2778（《合補》10222 反）+《甲》2592（《合集》28148 反），[1] 見圖 29、圖 30。

圖 29

---

[1] 此組相繼有綴合，如劉影：《幾組綴合爲甲骨學研究提供的新材料》，《故宮博物院院刊》，2016 年第 2 期；又《甲骨拼合四集》第 875 則；周忠兵：《一版甲骨新綴及相關問題研究》，《古文字研究》第三十四輯，2022 年；沈駿傑：《甲骨試綴第二則》，先秦史研究室網站，2024 年 8 月 13 日。

圖 30

綴合後釋文：

正：（1）壬子卜，何貞：翌癸丑其又匕癸。鄉。一

（2）癸巳卜，何貞：翌甲午其叕于父甲。鄉。一

（3）丁未卜，何貞：御于小乙奭匕庚，其窋。鄉。一

（4）丁未卜，何貞：其叙史。二

（5）癸酉卜，何貞：翌甲午叕于父甲。鄉。

（6）甲戌卜，宁。

（7）甲辰卜，王貞：翌日其祜。（"其"字倒刻）

（8）丁未卜，何貞：莫其二宰。

（9）丁未卜，何貞：羌十人其止豕。

（10）庚戌卜，何貞：翌辛亥其又毓匕辛。

（11）庚戌卜，何貞：翌辛亥其又毓匕辛。鄉。

（12）［庚］戌卜，何［貞］：其宰……鄉。

（13）貞：其即日。

（14）貞：其示▇。

（15）貞：其即日▇。

（16）貞：其示▇（瓚）。

（17）戊寅卜，宁貞：王寇（賓）。

（18）戊寅卜，王貞：其祝。（"祝"缺刻横畫）

（19）戊寅卜，王貞：弜祝。（"祝"缺刻横畫）

（20）壬子卜，何［貞］：其祝之。……祝。一

（21）己卯卜，宁。

（22）□□［卜］，宁。

（23）……翌……

反：（1）乙巳卜，宁貞：翌乙丑。

（2）□巳卜，宁貞：翌乙丑。（兩辭均逆行）

（3）庚辰卜，□貞：不……

（4）庚戌卜，□貞：□……

補充説明：（1）"▇"字，此版未綴合時舊釋爲"魚"，諸家均將其與左側的卜辭讀爲一條，即"貞其示……▇"。劉釗先生疑爲"冓"字之變形或異寫，[1]可從。綴合後此字應屬下辭，"戊寅卜，王貞：其▇……"。

（2）▇、▇，似是（▇）的異體字，即"瓚"字。此版綴合提供了商代早期"瓚"字字形研究的新材料，同時揭示了裸禮中的重要儀式"示瓚"，"示瓚"即"進獻瓚"；詳參方稚松的《釋殷墟花園莊東地甲骨中的、祼及

[1] 劉釗：《古文字構形學》，福州：福建人民出版社，2006年，第63頁。

相關諸字》[1]，及劉影的《幾組綴合爲甲骨學研究提供的新材料》[2]。

（3）"鄉"爲象形字，象兩人相對跪着朝簋而食之形，即後來"饗"字之初文，本義爲人相聚宴飲，引申爲祭祀義，通"享"，又引申或假借爲"嚮"（有針對之意思）和朝向之"向"，這四種用法常見於卜辭。而"鄉"字在何組卜辭中有一種特殊用法，即在辭尾位置；過去學者多以爲"鄉"字屬於貞卜命辭。有人提出另一種認識，即"鄉"應該理解爲占辭抑或兆辭，意思是鬼神"享受"了貞卜的希求。[3]

---

1 方稚松：《釋殷墟花園莊東地甲骨中的瓊、祼及相關諸字》，《中原文物》，2007年第1期，第83頁。

2 劉影：《幾組綴合爲甲骨學研究提供的新材料》，《故宮博物院院刊》，2016年第2期，第106—111頁。

3 夏含夷：《試論"鄉"字在何組卜辭裏的一種特殊用法》，《甲骨文與殷商史》新六輯，2016年，第159—166頁。

檢索表

表一 《施密士舊藏甲骨文字》著錄對照表

序號	國圖本	《合集》《合補》	北大本	舊著錄號	材質	現藏號	現藏地	備註
1	1.01		5.01	《南師》2.71	龜腹甲			
2	1.02	《合集》29114	5.02	《佚》289、《美》474	龜腹甲	c-060	哥大	
3	1.03		5.27	《南師》2.186	牛肩胛骨			
4	1.04	《合集》31905	5.04	《佚》280、《美》466	龜腹甲	c-052	哥大	
5	1.05	《合集》29507	5.05	《佚》258、《美》473	龜腹甲	c-059	哥大	
6	1.06	《合集》28834	5.06	《佚》307、《美》476	龜腹甲	c-062	哥大	
7	1.07		5.07	《南師》2.214	龜腹甲			
8	1.08		5.08	《南師》2.217	龜腹甲			
9	1.09	《合集》27956	5.09	《佚》306、《美》449	龜腹甲	c-035	哥大	
10	1.10		5.10	《南師》2.218	牛肩胛骨			上下顛倒
11	1.11		5.11		龜腹甲			
12	1.12	《合集》15756、《合集》8711	5.12	《佚》296、《美》468、北大3號21	龜腹甲	c-054	哥大	
13	1.13		5.13		龜腹甲			
14	1.14	《合集》27680	5.14	《佚》263、《美》434	龜腹甲	c-021	哥大	
15	1.15	《合集》31409	5.15	《佚》299、《美》439	龜腹甲	c-025	哥大	上下顛倒
16	1.16	《合集》31200、《合集》29767	5.16	《佚》293、《美》464	龜腹甲	c-050	哥大	
17	1.17	《合集》30850	5.17	《佚》315、《美》465	龜腹甲	c-051	哥大	
18	1.18		5.18	《南師》2.215	龜腹甲			
19	1.19	《合集》31565	5.19	《佚》304、《美》436	龜腹甲	c-023	哥大	
20	1.20	《合集》29179	5.20	《佚》295、《美》458	龜腹甲	c-044	哥大	
21	1.21	《合集》29396	5.21	《佚》301、《美》447	龜腹甲	c-033	哥大	
22	1.22	《合集》26972	5.22	《佚》268、《美》444	龜腹甲	c-030	哥大	
23	1.23		5.23	《南師》2.126	龜腹甲			
24	1.24	《合集》33307	5.24	《佚》259、《美》459	牛肩胛骨	c-045	哥大	
25	1.25	《合集》31800	5.25	《佚》264、《美》422	龜腹甲	c-008	哥大	
26	1.26		5.26	《南師》2.185				

(續表)

序號	國圖本	《合集》《合補》	北大本	舊著録號	材質	現藏號	現藏地	備註
27	1.27	《合集》28081	5.28	《佚》285、《美》462	龜腹甲	c-048	哥大	
28	1.28	《合集》39449	5.29	《佚》303、《美》467	龜腹甲	c-053	哥大	
29	1.29	《合集》27456 左上	5.30	《佚》257、《美》414/415、北《美》42	牛肩胛骨	c-001	哥大	
30	1.30	《合集》29356	5.31	《佚》273、《美》421	龜腹甲	c-007	哥大	
31	1.31	《合集》31477	5.32	《佚》316、《美》437	龜腹甲	c-024	哥大	
32	1.32	《合集》41721	5.33	《南師》2.231	龜腹甲			
33	1.33	《合集》31242	5.34	《佚》291、《美》477	龜腹甲	c-063	哥大	
34	1.34		5.35	《佚》312	龜腹甲			
35	1.35		5.36	《佚》262	龜腹甲	c-006	哥大	上下顛倒
36	1.36	《合集》27032	5.37	《佚》305、《美》472	龜腹甲	c-058	哥大	
37	1.37	《合集》31488	5.38	《佚》272、《美》431	龜腹甲	c-018	哥大	
38	1.38	《合集》31612	5.39	《佚》267、《美》432	龜腹甲	c-019	哥大	
39	1.39		5.40	《南師》2.34	龜腹甲			
40	1.40		5.41	《南師》2.224	龜腹甲			
41	1.41		5.42	《佚》313	龜腹甲			
42	1.42	《合集》35237	6.01	《佚》269、《美》448	牛肩胛骨	c-034	哥大	
43	1.43		5.03	《南師》2.246	龜腹甲			
44	2.01	《合集》29475、《合集》24538	6.04	《佚》311、《美》460	龜腹甲	c-046	哥大	
45	2.02	《合集》36979	6.11	《佚》309、《美》451	龜腹甲	c-037	哥大	
46	2.03	《合集》29411	6.05	《佚》297、《美》475	龜腹甲	c-061	哥大	
47	2.04	《合集》30307	6.06	《佚》275、《美》441	龜腹甲	c-027	哥大	
48	2.05	《合集》30885	6.08	《佚》314、《美》455	龜腹甲	c-040	哥大	
49	2.06		6.09	《南師》2.225	龜腹甲			
50	2.07		6.10	《南師》2.220	牛肩胛骨	1962.20B	美歐柏林	
51	2.08		6.07	《南師》2.221	龜腹甲			
52	2.09	《合集》28396	6.12	《佚》265、《美》440	龜腹甲	c-026	哥大	
53	2.10		6.13	《佚》270、《美》452	牛肩胛骨	c-038	哥大	

（續表）

序號	國圖本	《合集》《合補》	北大本	舊著錄號	材質	現藏號	現藏地	備註
54	2.11	《合集》3203、《合集》15386	6.02	《佚》290、《美》470、北大3號20	龜腹甲	c-056	哥大	
55	2.12		6.03		龜腹甲			
56	2.13	《合集》29496	6.14	《佚》310、《美》469	龜腹甲	c-055	哥大	
57	2.14	《合集》27181	6.15	《佚》260、《美》445	龜腹甲	c-031	哥大	
58	2.15	《合集》30836	6.29	《佚》279、《美》438	龜腹甲	c-011	哥大	
59	2.16	《合集》31766、《合集》35271	6.17	《佚》298、《美》457	牛肩胛骨	c-043	哥大	
60	2.17	《合集》20397	6.18	《佚》276、《美》419	牛右肩胛骨	c-005	哥大	
61	2.18	《合集》31438左	6.19	《佚》283、《美》450	龜腹甲	c-036	哥大	
62	2.19	《合集》28493	6.20	《佚》294、《美》429	龜腹甲	c-016	哥大	
63	2.20	《合集》29395	6.21	《佚》277、《美》427	龜腹甲	c-014	哥大	
64	2.21	《合集》31325	6.24	《佚》284、《美》428	牛肩胛骨	c-015	哥大	
65	2.22	《合集》31366、《合集》31406	6.25	《佚》278、《美》442	牛左肩胛骨	c-028	哥大	上下顛倒
66	2.23	《合集》31356、《合集》31365	6.26	《佚》282、《美》430	牛右肩胛骨	c-017	哥大	上下顛倒
67	2.24	《合集》31437	6.27	《佚》286、《美》435	龜腹甲	c-022	哥大	
68	2.25	《合集》32385左上、《合補》10436左上	6.28	《佚》256、《佚》986、甲釋87、《美》418	牛肩胛骨	c-004	哥大	上下顛倒
69	2.26	《合集》30469	6.34	《佚》261、《美》433	牛肩胛骨	c-020	哥大	
70	2.27	《合集》29552、《合集》30519（優）	6.33	《佚》308、《美》456、北大1號29	牛肩胛骨	c-042	哥大	
71	2.28	《合集》31886、《合集》20794、《合補》6954	6.32	《佚》300、《美》453	牛肩胛骨	c-041	哥大	
72	2.29	《合集》29092	6.23	《佚》292、《美》424	龜腹甲	c-010	哥大	
73	2.30	《合集》28471	6.22	《佚》281、《美》454	龜腹甲	c-039	哥大	
74	2.31	《合集》29088	6.30	《佚》288、《美》426	龜腹甲	c-013	哥大	
75	2.32	《合集》31452、《合集》31438右下	6.16	《佚》287右下、《美》423	龜腹甲	c-009	哥大	

（續表）

序號	國圖本	《合集》《合補》	北大本	舊著錄號	材質	現藏號	現藏地	備註
75	2.32	《合集》27704、《合集》31438 右上	6.16	《佚》287 右上、《美》461	龜腹甲	c-047	哥大	
		《合集》31454、《合集》31438 中上	6.16	《佚》287 左上、《美》443	龜腹甲	c-029	哥大	
76	2.33	《合集》31622	6.31	《佚》274、《美》417	龜腹甲	c-003	哥大	
77	2.34	《合集》16643	6.35	《佚》302、《美》446、北大 3 號 18	牛肩胛骨	c-032	哥大	
78	2.35	《合集》24248、《合補》7257 右下	6.36	《佚》271、《美》425	牛右肩胛骨	c-012	哥大	
79	2.36	《合集》26975	6.37	《佚》255、《美》416	牛左肩胛骨	c-002	哥大	
80	2.37（面）	《合集》27456 左正	6.39（面）	《佚》266 面、《美》414	牛左肩胛骨	c-001	哥大	
81	2.38（背）	《合集》27456 左反	6.38（背）	《佚》266 背、《美》415	牛左肩胛骨	c-001	哥大	

表二　北大本與國圖本等對照表

序號	北大本	國圖本	《合集》《合補》	舊著錄號	材質	現藏號	現藏地	備註
1	5.01	1.01		《南師》2.71	龜腹甲			
2	5.02	1.02	《合集》29114	《佚》289、《美》474	龜腹甲	c-060	哥大	
3	5.03	1.43		《南師》2.246	龜腹甲			
4	5.04	1.04	《合集》31905	《佚》280、《美》466	龜腹甲	c-052	哥大	
5	5.05	1.05	《合集》29507	《佚》258、《美》473	龜腹甲	c-059	哥大	
6	5.06	1.06	《合集》28834	《佚》307、《美》476	龜腹甲	c-062	哥大	
7	5.07	1.07		《南師》2.214	龜腹甲			
8	5.08	1.08		《南師》2.217	龜腹甲			
9	5.09	1.09	《合集》27956	《佚》306、《美》449	龜腹甲	c-035	哥大	
10	5.10	1.10		《南師》2.218	牛肩胛骨			
11	5.11	1.11			龜腹甲			
12	5.12	1.12	《合集》15756、《合集》8711	《佚》296、《美》468、北大3號21	龜腹甲	c-054	哥大	
13	5.13	1.13			龜腹甲			
14	5.14	1.14	《合集》27680	《佚》263、《美》434	龜腹甲	c-021	哥大	
15	5.15	1.15	《合集》31409	《佚》299、《美》439	龜腹甲	c-025	哥大	
16	5.16	1.16	《合集》31200、《合集》29767	《佚》293、《美》464	龜腹甲	c-050	哥大	
17	5.17	1.17	《合集》30850	《佚》315、《美》465	龜腹甲	c-051	哥大	
18	5.18	1.18		《南師》2.215	龜腹甲			
19	5.19	1.19	《合集》31565	《佚》304、《美》436	龜腹甲	c-023	哥大	
20	5.20	1.20	《合集》29179	《佚》295、《美》458	龜腹甲	c-044	哥大	
21	5.21	1.21	《合集》29396	《佚》301、《美》447	龜腹甲	c-033	哥大	
22	5.22	1.22	《合集》26972	《佚》268、《美》444	龜腹甲	c-030	哥大	
23	5.23	1.23		《南師》2.126	龜腹甲			
24	5.24	1.24	《合集》33307	《佚》259、《美》459	牛肩胛骨	c-045	哥大	
25	5.25	1.25	《合集》31800	《佚》264、《美》422	龜腹甲	c-008	哥大	
26	5.26	1.26		《南師》2.185				與5.26同葉
27	5.27	1.03		《南師》2.186	牛肩胛骨			與5.27同葉

（續表）

序號	北大本	國圖本	《合集》《合補》	舊著錄號	材質	現藏號	現藏地	備註
28	5.28	1.27	《合集》28081	《佚》285、《美》462	龜腹甲	c-048	哥大	
29	5.29	1.28	《合集》39449	《佚》303、《美》467	龜腹甲	c-053	哥大	
30	5.30	1.29	《合集》27456左上	《佚》257、《美》414/415、北《美》42	牛肩胛骨	c-001	哥大	
31	5.31	1.30	《合集》29356	《佚》273、《美》421	龜腹甲	c-007	哥大	
32	5.32	1.31	《合集》31477	《佚》316、《美》437	龜腹甲	c-024	哥大	
33	5.33	1.32	《合集》41721	《南師》2.231	龜腹甲			
34	5.34	1.33	《合集》31242	《佚》291、《美》477	龜腹甲	c-063	哥大	
35	5.35	1.34		《佚》312	龜腹甲			
36	5.36	1.35		《佚》262	龜腹甲	c-006	哥大	
37	5.37	1.36	《合集》27032	《佚》305、《美》472	龜腹甲	c-058	哥大	
38	5.38	1.37	《合集》31488	《佚》272、《美》431	龜腹甲	c-018	哥大	
39	5.39	1.38	《合集》31612	《佚》267、《美》432	龜腹甲	c-019		
40	5.40	1.39		《南師》2.34	龜腹甲			
41	5.41	1.40		《南師》2.224	龜腹甲			
42	5.42	1.41		《佚》313	龜腹甲			
43	6.01	1.42	《合集》35237	《佚》269、《美》448	牛肩胛骨	c-034	哥大	
44	6.02	2.11	《合集》3203、《合集》15386	《佚》290、《美》470、北大3號20	龜腹甲	c-056	哥大	
45	6.03	2.12			龜腹甲			
46	6.04	2.01	《合集》29475、《合集》24538	《佚》311、《美》460	龜腹甲	c-046	哥大	
47	6.05	2.03	《合集》29411	《佚》297、《美》475	龜腹甲	c-061	哥大	
48	6.06	2.04	《合集》30307	《佚》275、《美》441	龜腹甲	c-027	哥大	
49	6.07	2.08		《南師》2.221	龜腹甲			
50	6.08	2.05	《合集》30885	《佚》314、《美》455	龜腹甲	c-040	哥大	
51	6.09	2.06		《南師》2.225	龜腹甲			
52	6.10	2.07		《南師》2.220	牛肩胛骨		歐柏林	
53	6.11	2.02	《合集》36979	《佚》309、《美》451	龜腹甲	c-037	哥大	
54	6.12	2.09	《合集》28396	《佚》265、《美》440	龜腹甲	c-026	哥大	
55	6.13	2.10		《佚》270、《美》452	牛肩胛骨	c-038	哥大	

(續表)

序號	北大本	國圖本	《合集》《合補》	舊著錄號	材質	現藏號	現藏地	備註
56	6.14	2.13	《合集》29496	《佚》310、《美》469	龜腹甲	c-055	哥大	
57	6.15	2.14	《合集》27181	《佚》260、《美》445	龜腹甲	c-031	哥大	
58	6.16	2.32	《合集》31452、《合集》27704、《合集》31454、《合集》31438	《佚》287、《美》423、《美》461、《美》443	龜腹甲	c-009、c-047、c-029	哥大	
59	6.17	2.16	《合集》31766；《合集》35271	《佚》298、《美》457	牛肩胛骨	c-043	哥大	
60	6.18	2.17	《合集》20397	《佚》276、《美》419	牛右肩胛骨	c-005	哥大	
61	6.19	2.18	《合集》31438左	《佚》283、《美》450	龜腹甲	c-036	哥大	
62	6.20	2.19	《合集》28493	《佚》294、《美》429	龜腹甲	c-016	哥大	
63	6.21	2.20	《合集》29395	《佚》277、《美》427	龜腹甲	c-014	哥大	
64	6.22	2.30	《合集》28471	《佚》281、《美》454	龜腹甲	c-039	哥大	
65	6.23	2.29	《合集》29092	《佚》292、《美》424	龜腹甲	c-010	哥大	
66	6.24	2.21	《合集》31325	《佚》284、《美》428	牛肩胛骨	c-015	哥大	
67	6.25	2.22	《合集》31366、《合集》31406	《佚》278、《美》442	牛左肩胛骨	c-028	哥大	
68	6.26	2.23	《合集》31356、《合集》31365	《佚》282、《美》430	牛右肩胛骨	c-017	哥大	
69	6.27	2.24	《合集》31437	《佚》286、《美》435	龜腹甲	c-022	哥大	
70	6.28	2.25	《合集》32385左上、《合補》10436左上	《佚》256、《佚》986、甲釋87、《美》418	牛肩胛骨	c-004	哥大	
71	6.29	2.15	《合集》30836	《佚》279、《美》438	龜腹甲	c-011	哥大	
72	6.30	2.31	《合集》29088	《佚》288、《美》426	龜腹甲	c-013	哥大	
73	6.31	2.33	《合集》31622	《佚》274、《美》417	龜腹甲	c-003	哥大	
74	6.32	2.28	《合集》31886、《合集》20794、《合補》6954	《佚》300、《美》453	牛肩胛骨	c-041	哥大	
75	6.33	2.27	《合集》29552、《合集》30519（優）	《佚》308、《美》456、北大1號29	牛肩胛骨	c-042	哥大	
76	6.34	2.26	《合集》30469	《佚》261、《美》433	牛肩胛骨	c-020	哥大	
77	6.35	2.34	《合集》16643	《佚》302、《美》446、北大3號18	牛肩胛骨	c-032	哥大	

（續表）

序號	北大本	國圖本	《合集》《合補》	舊著錄號	材質	現藏號	現藏地	備註
78	6.36	2.35	《合集》24248、《合補》7257 右下	《佚》271、《美》425	牛右肩胛骨	c-012	哥大	
79	6.37	2.36	《合集》26975	《佚》255、《美》416	牛左肩胛骨	c-002	哥大	
80	6.38（背）	2.38（背）	《合集》27456 左反	《佚》266 背、《美》415	牛左肩胛骨	c-001	哥大	
81	6.39（面）	2.37（面）	《合集》27456 左正	《佚》266 面、《美》414	牛左肩胛骨	c-001	哥大	

表三 美國哥倫比亞大學藏甲骨與國圖本等對照表

序號	哥大號	國圖本	《合集》《合補》	北大本	舊著錄號	材質
1	c-001	1.29+2.37（2.38）	《合集》27456	5.30+6.39（6.38）	《佚》257、《佚》266、《美》414、《美》415、北《美》42	牛左肩胛骨
2	c-002	2.36	《合集》26975	6.37	《佚》255、《美》416	牛左肩胛骨
3	c-003	2.33	《合集》31622	6.31	《佚》274、《美》417	龜腹甲
4	c-004	2.25	《合集》32385左上、《合補》10436左上	6.28	《佚》256、《佚》986、甲釋87、《美》418	牛肩胛骨
5	c-005	2.17	《合集》20397	6.18	《佚》276、《美》419	牛右肩胛骨
6	c-006	1.35		5.36	《佚》262	龜腹甲
7	c-007	1.30	《合集》29356	5.31	《佚》273、《美》421	龜腹甲
8	c-008	1.25	《合集》31800	5.25	《佚》264、《美》422	龜腹甲
9	c-009	2.32	《合集》31452、《合集》31438右下	6.16	《佚》287右下、《美》423	龜腹甲
10	c-010	2.29	《合集》29092	6.23	《佚》292、《美》424	龜腹甲
11	c-011	2.15	《合集》30836	6.29	《佚》279、《美》438	龜腹甲
12	c-012	2.35	《合集》24248、《合補》7257右下	6.36	《佚》271、《美》425	牛右肩胛骨
13	c-013	2.31	《合集》29088	6.30	《佚》288、《美》426	龜腹甲
14	c-014	2.20	《合集》29395	6.21	《佚》277、《美》427	龜腹甲
15	c-015	2.21	《合集》31325	6.24	《佚》284、《美》428	牛肩胛骨
16	c-016	2.19	《合集》28493	6.20	《佚》294、《美》429	龜腹甲
17	c-017	2.23	《合集》31356、《合集》31365	6.26	《佚》282、《美》430	牛右肩胛骨
18	c-018	1.37	《合集》31488	5.38	《佚》272、《美》431	龜腹甲
19	c-019	1.38	《合集》31612	5.39	《佚》267、《美》432	龜腹甲
20	c-020	2.26	《合集》30469	6.34	《佚》261、《美》433	牛肩胛骨
21	c-021	1.14	《合集》27680	5.14	《佚》263、《美》434	龜腹甲
22	c-022	2.24	《合集》31437	6.27	《佚》286、《美》435	龜腹甲
23	c-023	1.19	《合集》31565	5.19	《佚》304、《美》436	龜腹甲
24	c-024	1.31	《合集》31477	5.32	《佚》316、《美》437	龜腹甲
25	c-025	1.15	《合集》31409	5.15	《佚》299、《美》439	龜腹甲
26	c-026	2.09	《合集》28396	6.12	《佚》265、《美》440	龜腹甲
27	c-027	2.04	《合集》30307	6.06	《佚》275、《美》441	龜腹甲

(續表)

序號	哥大號	國圖本	《合集》《合補》	北大本	舊著錄號	材質
28	c-028	2.22	《合集》31366、《合集》31406	6.25	《佚》278、《美》442	牛左肩胛骨
29	c-029	2.32	《合集》31454、《合集》31438中上	6.16	《佚》287左上、《美》443	龜腹甲
30	c-030	1.22	《合集》26972	5.22	《佚》268、《美》444	龜腹甲
31	c-031	2.14	《合集》27181	6.15	《佚》260、《美》445	龜腹甲
32	c-032	2.34	《合集》16643	6.35	《佚》302、《美》446、北大3號18	牛肩胛骨
33	c-033	1.21	《合集》29396	5.21	《佚》301、《美》447	龜腹甲
34	c-034	1.42	《合集》35237	6.01	《佚》269、《美》448	牛肩胛骨
35	c-035	1.09	《合集》27956	5.09	《佚》306、《美》449	龜腹甲
36	c-036	2.18	《合集》31438左	6.19	《佚》283、《美》450	龜腹甲
37	c-037	2.02	《合集》36979	6.11	《佚》309、《美》451	龜腹甲
38	c-038	2.10		6.13	《佚》270、《美》452	牛肩胛骨
39	c-039	2.30	《合集》28471	6.22	《佚》281、《美》454	龜腹甲
40	c-040	2.05	《合集》30885	6.08	《佚》314、《美》455	龜腹甲
41	c-041	2.28	《合集》31886、《合集》20794、《合補》6954	6.32	《佚》300、《美》453	牛肩胛骨
42	c-042	2.27	《合集》29552、《合集》30519（優）	6.33	《佚》308、《美》456、北大1號29	牛肩胛骨
43	c-043	2.16	《合集》31766、《合集》35271	6.17	《佚》298、《美》457	牛肩胛骨
44	c-044	1.20	《合集》29179	5.20	《佚》295、《美》458	龜腹甲
45	c-045	1.24	《合集》33307	5.24	《佚》259、《美》459	牛肩胛骨
46	c-046	2.01	《合集》29475、《合集》24538	6.04	《佚》311、《美》460	龜腹甲
47	c-047	2.32	《合集》27704、《合集》31438右上	6.16	《佚》287右上、《美》461	龜腹甲
48	c-048	1.27	《合集》28081	5.28	《佚》285、《美》462	龜腹甲
49	c-050	1.16	《合集》31200、《合集》29767	5.16	《佚》293、《美》464	龜腹甲
50	c-051	1.17	《合集》30850	5.17	《佚》315、《美》465	龜腹甲
51	c-052	1.04	《合集》31905	5.04	《佚》280、《美》466	龜腹甲
52	c-053	1.28	《合集》39449	5.29	《佚》303、《美》467	龜腹甲

（續表）

序號	哥大號	國圖本	《合集》《合補》	北大本	舊著録號	材質
53	c-054	1.12	《合集》15756、《合集》8711	5.12	《佚》296、《美》468、北大3號21	龜腹甲
54	c-055	2.13	《合集》29496	6.14	《佚》310、《美》469	龜腹甲
55	c-056	2.11	《合集》3203、《合集》15386	6.02	《佚》290、《美》470、北大3號20	龜腹甲
56	c-058	1.36	《合集》27032	5.37	《佚》305、《美》472	龜腹甲
57	c-059	1.05	《合集》29507	5.05	《佚》258、《美》473	龜腹甲
58	c-060	1.02	《合集》29114	5.02	《佚》289、《美》474	龜腹甲
59	c-061	2.03	《合集》29411	6.05	《佚》297、《美》475	龜腹甲
60	c-062	1.06	《合集》28834	5.06	《佚》307、《美》476	龜腹甲
61	c-063	1.33	《合集》31242	5.34	《佚》291、《美》477	龜腹甲

表四 《合集》《合補》與國圖本等對照表

序號	《合集》《合補》	國圖本	北大本	舊著錄號	現藏號
1	《合集》3203、《合集》15386	2.11	6.02	《佚》290、《美》470、北大3號20	c-056
2	《合集》8711、《合集》15756	1.12	5.12	《佚》296、《美》468、北大3號21	c-054
3	《合集》16643	2.34	6.35	《佚》302、《美》446、北大3號18	c-032
4	《合集》20397	2.17	6.18	《佚》276、《美》419	c-005
5	《合集》20794、《合集》31886、《合補》6954	2.28	6.32	《佚》300、《美》453	c-041
6	《合集》24248、《合補》7257右下	2.35	6.36	《佚》271、《美》425	c-012
7	《合集》24538、《合集》29475	2.01	6.04	《佚》311、《美》460	c-046
8	《合集》26972	1.22	5.22	《佚》268、《美》444	c-030
9	《合集》26975	2.36	6.37	《佚》255、《美》416	c-002
10	《合集》27032	1.36	5.37	《佚》305、《美》472	c-058
11	《合集》27181	2.14	6.15	《佚》260、《美》445	c-031
12	《合集》27456左反	2.38（背）	6.38（背）	《佚》266背、《美》415	c-001
12	《合集》27456左正	2.37（面）	6.39（面）	《佚》266面、《美》414	c-001
13	《合集》27456左上	1.29	5.30	《佚》257、《美》414/415、北《美》42	c-001
14	《合集》27680	1.14	5.14	《佚》263、《美》434	c-021
15	《合集》27704、《合集》31452、《合集》31454、《合集》31438	2.32	6.16	《佚》287、《美》461+《美》423+《美》443	c-009+c-047+c-029
16	《合集》27956	1.09	5.09	《佚》306、《美》449	c-035
17	《合集》28081	1.27	5.28	《佚》285、《美》462	c-048
18	《合集》28396	2.09	6.12	《佚》265、《美》440	c-026
19	《合集》28471	2.30	6.22	《佚》281、《美》454	c-039
20	《合集》28493	2.19	6.20	《佚》294、《美》429	c-016
21	《合集》28834	1.06	5.06	《佚》307、《美》476	c-062
22	《合集》29088	2.31	6.30	《佚》288、《美》426	c-013
23	《合集》29092	2.29	6.23	《佚》292、《美》424	c-010
24	《合集》29114	1.02	5.02	《佚》289、《美》474	c-060
25	《合集》29179	1.20	5.20	《佚》295、《美》458	c-044

（續表）

序號	《合集》《合補》	國圖本	北大本	舊著錄號	現藏號
26	《合集》29356	1.30	5.31	《佚》273、《美》421	c-007
27	《合集》29395	2.20	6.21	《佚》277、《美》427	c-014
28	《合集》29396	1.21	5.21	《佚》301、《美》447	c-033
29	《合集》29411	2.03	6.05	《佚》297、《美》475	c-061
30	《合集》29496	2.13	6.14	《佚》310、《美》469	c-055
31	《合集》29507	1.05	5.05	《佚》258、《美》473	c-059
32	《合集》29767、《合集》31200	1.16	5.16	《佚》293、《美》464	c-050
33	《合集》30307	2.04	6.06	《佚》275、《美》441	c-027
34	《合集》30469	2.26	6.34	《佚》261、《美》433	c-020
35	《合集》30836	2.15	6.29	《佚》279、《美》438	c-011
36	《合集》30850	1.17	5.17	《佚》315、《美》465	c-051
37	《合集》30885	2.05	6.08	《佚》314、《美》455	c-040
38	《合集》31242	1.33	5.34	《佚》291、《美》477	c-063
39	《合集》31325	2.21	6.24	《佚》284、《美》428	c-015
40	《合集》31356、《合集》31365	2.23	6.26	《佚》282、《美》430	c-017
41	《合集》31366、《合集》31406	2.22	6.25	《佚》278、《美》442	c-028
42	《合集》31409	1.15	5.15	《佚》299、《美》439	c-025
43	《合集》31437	2.24	6.27	《佚》286、《美》435	c-022
44	《合集》31438左	2.18	6.19	《佚》283、《美》450	c-036
45	《合集》31477	1.31	5.32	《佚》316、《美》437	c-024
46	《合集》31488	1.37	5.38	《佚》272、《美》431	c-018
47	《合集》31565	1.19	5.19	《佚》304、《美》436	c-023
48	《合集》31612	1.38	5.39	《佚》267、《美》432	c-019
49	《合集》31622	2.33	6.31	《佚》274、《美》417	c-003
50	《合集》31766、《合集》35271	2.16	6.17	《佚》298、《美》457	c-043
51	《合集》31800	1.25	5.25	《佚》264、《美》422	c-008
52	《合集》31905	1.04	5.04	《佚》280、《美》466	c-052
53	《合集》32385左上、《合補》10436左上	2.25	6.28	《佚》256、《佚》986、甲釋87、《美》418	c-004
54	《合集》33307	1.24	5.24	《佚》259、《美》459	c-045
55	《合集》35237	1.42	6.01	《佚》269、《美》448	c-034
56	《合集》36979	2.02	6.11	《佚》309、《美》451	c-037
57	《合集》39449	1.28	5.29	《佚》303、《美》467	c-053
58	《合集》41721	1.32	5.33	《南師》2.231	

表五 《殷契佚存》與國圖本等對照表

序號	《佚》	國圖本	北大本	《美》	《合集》《合補》
1	《佚》255	2.36	6.37	《美》416	《合集》26975
2	《佚》256	2.25	6.28	《美》418	《合集》32385 左上、《合補》10436 左上
3	《佚》257	1.29	5.30	《美》414（415）上	《合集》27456 左上
4	《佚》258	1.05	5.05	《美》473	《合集》29507
5	《佚》259	1.24	5.24	《美》459	《合集》33307
6	《佚》260	2.14	6.15	《美》445	《合集》27181
7	《佚》261	2.26	6.34	《美》433	《合集》30469
8	《佚》262	1.35	5.36		
9	《佚》263	1.14	5.14	《美》434	《合集》27680
10	《佚》264	1.25	5.25	《美》422	《合集》31800
11	《佚》265	2.09	6.12	《美》440	《合集》28396
12	《佚》266 面、背	2.37（面）、2.38（背）	6.38(背)、6.39（面）	《美》414（面）、《美》415（背）	《合集》27456 左正、反
13	《佚》267	1.38	5.39	《美》432	《合集》31612
14	《佚》268	1.22	5.22	《美》444	《合集》26972
15	《佚》269	1.42	6.01	《美》448	《合集》35237
16	《佚》270	2.10	6.13	《美》452	
17	《佚》271	2.35	6.36	《美》425	《合集》24248、《合補》7257 右下
18	《佚》272	1.37	5.38	《美》431	《合集》31488
19	《佚》273	1.30	5.31	《美》421	《合集》29356
20	《佚》274	2.33	6.31	《美》417	《合集》31622
21	《佚》275	2.04	6.06	《美》441	《合集》30307
22	《佚》276	2.17	6.18	《美》419	《合集》20397
23	《佚》277	2.20	6.21	《美》427	《合集》29395
24	《佚》278	2.22	6.25	《美》442	《合集》31366、《合集》31406
25	《佚》279	2.15	6.29	《美》438	《合集》30836
26	《佚》280	1.04	5.04	《美》466	《合集》31905
27	《佚》281	2.30	6.22	《美》454	《合集》28471

(續表)

序號	《佚》	國圖本	北大本	《美》	《合集》《合補》
28	《佚》282	2.23	6.26	《美》430	《合集》31356、《合集》31365
29	《佚》283	2.18	6.19	《美》450	《合集》31438 左
30	《佚》284	2.21	6.24	《美》428	《合集》31325
31	《佚》285	1.27	5.28	《美》462	《合集》28081
32	《佚》286	2.24	6.27	《美》435	《合集》31437
33	《佚》287	2.32	6.16	《美》423、《美》443、《美》461	《合集》27704、《合集》31452、《合集》31454、《合集》31438
34	《佚》288	2.31	6.30	《美》426	《合集》29088
35	《佚》289	1.02	5.02	《美》474	《合集》29114
36	《佚》290	2.11	6.02	《美》470	《合集》3203、《合集》15386
37	《佚》291	1.33	5.34	《美》477	《合集》31242
38	《佚》292	2.29	6.23	《美》424	《合集》29092
39	《佚》293	1.16	5.16	《美》464	《合集》31200、《合集》29767
40	《佚》294	2.19	6.20	《美》429	《合集》28493
41	《佚》295	1.20	5.20	《美》458	《合集》29179
42	《佚》296	1.12	5.12	《美》468	《合集》15756、《合集》8711
43	《佚》297	2.03	6.05	《美》475	《合集》29411
44	《佚》298	2.16	6.17	《美》457	《合集》31766、《合集》35271
45	《佚》299	1.15	5.15	《美》439	《合集》31409
46	《佚》300	2.28	6.32	《美》453	《合集》31886、《合集》20794、《合補》6954
47	《佚》301	1.21	5.21	《美》447	《合集》29396
48	《佚》302	2.34	6.35	《美》446	《合集》16643
49	《佚》303	1.28	5.29	《美》467	《合集》39449
50	《佚》304	1.19	5.19	《美》436	《合集》31565
51	《佚》305	1.36	5.37	《美》472	《合集》27032
52	《佚》306	1.09	5.09	《美》449	《合集》27956
53	《佚》307	1.06	5.06	《美》476	《合集》28834

（續表）

序號	《佚》	國圖本	北大本	《美》	《合集》《合補》
54	《佚》308	2.27	6.33	《美》456	《合集》29552、《合集》30519（優）
55	《佚》309	2.02	6.11	《美》451	《合集》36979
56	《佚》310	2.13	6.14	《美》469	《合集》29496
57	《佚》311	2.01	6.04	《美》460	《合集》29475、《合集》24538
58	《佚》312	1.34	5.35		
59	《佚》313	1.41	5.42		
60	《佚》314	2.05	6.08	《美》455	《合集》30885
61	《佚》315	1.17	5.17	《美》465	《合集》30850
62	《佚》316	1.31	5.32	《美》437	《合集》31477

表六 《美國所藏甲骨錄》與國圖本等對照表

序號	《美》	國圖本	《合集》《合補》	北大本	《佚》	《北美》
1	《美》414	1.29+2.37(面)	《合集》27456 正	5.30+6.39（面）	《佚》257+《佚》266 面	
2	《美》415	2.38（背）	《合集》27456 反	6.38（背）	《佚》266 背	《北美》42
3	《美》416	2.36	《合集》26975	6.37	《佚》255	
4	《美》417	2.33	《合集》31622	6.31	《佚》274	
5	《美》418	2.25	《合集》32385 左上、《合補》10436 左上	6.28	《佚》256	
6	《美》419	2.17	《合集》20397	6.18	《佚》276	
7	《美》421	1.30	《合集》29356	5.31	《佚》273	
8	《美》422	1.25	《合集》31800	5.25	《佚》264	
9	《美》423、《美》443、《美》461	2.32	《合集》31452、《合集》31454、《合集》27704、《合集》31438	6.16	《佚》287	
10	《美》424	2.29	《合集》29092	6.23	《佚》292	
11	《美》425	2.35	《合集》24248、《合補》7257 右下	6.36	《佚》271	
12	《美》426	2.31	《合集》29088	6.30	《佚》288	
13	《美》427	2.20	《合集》29395	6.21	《佚》277	
14	《美》428	2.21	《合集》31325	6.24	《佚》284	
15	《美》429	2.19	《合集》28493	6.20	《佚》294	
16	《美》430	2.23	《合集》31356、《合集》31365	6.26	《佚》282	
17	《美》431	1.37	《合集》31488	5.38	《佚》272	
18	《美》432	1.38	《合集》31612	5.39	《佚》267	
19	《美》433	2.26	《合集》30469	6.34	《佚》261	
20	《美》434	1.14	《合集》27680	5.14	《佚》263	
21	《美》435	2.24	《合集》31437	6.27	《佚》286	
22	《美》436	1.19	《合集》31565	5.19	《佚》304	
23	《美》437	1.31	《合集》31477	5.32	《佚》316	
24	《美》438	2.15	《合集》30836	6.29	《佚》279	
25	《美》439	1.15	《合集》31409	5.15	《佚》299	

（續表）

序號	《美》	國圖本	《合集》《合補》	北大本	《佚》	《北美》
26	《美》440	2.09	《合集》28396	6.12	《佚》265	
27	《美》441	2.04	《合集》30307	6.06	《佚》275	
28	《美》442	2.22	《合集》31366、《合集》31406	6.25	《佚》278	
29	《美》444	1.22	《合集》26972	5.22	《佚》268	
30	《美》445	2.14	《合集》27181	6.15	《佚》260	
31	《美》446	2.34	《合集》16643	6.35	《佚》302	
32	《美》447	1.21	《合集》29396	5.21	《佚》301	
33	《美》448	1.42	《合集》35237	6.01	《佚》269	
34	《美》449	1.09	《合集》27956	5.09	《佚》306	
35	《美》450	2.18	《合集》31438 左	6.19	《佚》283	
36	《美》451	2.02	《合集》36979	6.11	《佚》309	
37	《美》452	2.10		6.13	《佚》270	
38	《美》453	2.28	《合集》31886、《合集》20794、《合補》6954	6.32	《佚》300	
39	《美》454	2.30	《合集》28471	6.22	《佚》281	
40	《美》455	2.05	《合集》30885	6.08	《佚》314	
41	《美》456	2.27	《合集》29552、《合集》30519（優）	6.33	《佚》308	
42	《美》457	2.16	《合集》31766、《合集》35271	6.17	《佚》298	
43	《美》458	1.20	《合集》29179	5.20	《佚》295	
44	《美》459	1.24	《合集》33307	5.24	《佚》259	
45	《美》460	2.01	《合集》29475、《合集》24538	6.04	《佚》311	
46	《美》462	1.27	《合集》28081	5.28	《佚》285	
47	《美》464	1.16	《合集》31200、《合集》29767	5.16	《佚》293	
48	《美》465	1.17	《合集》30850	5.17	《佚》315	
49	《美》466	1.04	《合集》31905	5.04	《佚》280	
50	《美》467	1.28	《合集》39449	5.29	《佚》303	
51	《美》468	1.12	《合集》15756、《合集》8711	5.12	《佚》296	
52	《美》469	2.13	《合集》29496	6.14	《佚》310	

（續表）

序號	《美》	國圖本	《合集》《合補》	北大本	《佚》	《北美》
53	《美》470	2.11	《合集》3203、《合集》15386	6.02	《佚》290	
54	《美》472	1.36	《合集》27032	5.37	《佚》305	
55	《美》473	1.05	《合集》29507	5.05	《佚》258	
56	《美》474	1.02	《合集》29114	5.02	《佚》289	
57	《美》475	2.03	《合集》29411	6.05	《佚》297	
58	《美》476	1.06	《合集》28834	5.06	《佚》307	
59	《美》477	1.33	《合集》31242	5.34	《佚》291	

表七 《南師》與國圖本等對照表

序號	《南師》	國圖本	《合集》《合補》	北大本	材質
1	《南師》2.126	1.23		5.23	龜腹甲
2	《南師》2.185	1.26		5.26	龜腹甲
3	《南師》2.186	1.03		5.27	牛肩胛骨
4	《南師》2.214	1.07		5.07	龜腹甲
5	《南師》2.215	1.18		5.18	龜腹甲
6	《南師》2.217	1.08		5.08	龜腹甲
7	《南師》2.218	1.10		5.10	牛肩胛骨
8	《南師》2.220	2.07		6.10	牛肩胛骨
9	《南師》2.221	2.08		6.07	龜腹甲
10	《南師》2.224	1.40		5.41	龜腹甲
11	《南師》2.225	2.06		6.09	龜腹甲
12	《南師》2.231	1.32	《合集》41721	5.33	龜腹甲
13	《南師》2.246	1.43		5.03	龜腹甲
14	《南師》2.34	1.39		5.40	龜腹甲
15	《南師》2.71	1.01		5.01	龜腹甲

表八 施密士舊藏甲骨綴合情況表

序號	國圖本	組類	《合集》《合補》	綴合	綴合者
1	1.12	賓組	《合集》15756；《合集》8711	《合集》8711（《合集》15756、《佚》296、c-054）+《合集》10084［《甲》1691+《甲》2029+《甲》1925（《合補》6819）］+《合補》4340（《甲》1072）+《合集》9104（《甲》1074）+《合集》9575（《甲》1167）+《甲》1830+［《合集》13543（《甲》1048+《甲》1066）+《合集》13544（《甲》1296）］	屈萬里、《合集》、陳逸文、李愛輝
2	1.19	何組	《合集》31565	《合集》31565（c-023、《佚》304）+《合補》9885（北圖14983）	莫伯峰
3	1.24	歷組	《合集》33307	《合集》33279+《合集》33307	周忠兵
4	1.29	何組	《合集》27456	《合集》27456［c-001+《甲》2799］+《合補》10222（《甲》2777、《甲》2778）+《甲》2591（《甲》2592）	李栞、劉影、周忠兵
5	1.31	何組	《合集》31477	《合集》29721+《合補》10058+《合集》31477（c-024）+《合集》31474+《合補》10059+《合補》10057+《合集》31467	張軍濤
6	1.34	何組		《合集》28493（c-016）+《佚》312	程名卉
7	1.36	何組	《合集》27032	《合集》27032（c-058）+《合集》27739	李愛輝
8	2.07	何組		《醉古集》7=［綴集100=合補9986正=《合集》31358正（《甲》2871）+施美士9］+《合集》31338/《殷合集》53/《甲釋》53（《甲》2862+《甲》2873）+《合集》31318（《甲》2657）	蔡哲茂、林宏明
9	2.17	自組	《合集》20397	《合集》20397(c-005)+《合集》22337(《甲》2355)	程名卉
10	2.18+2.32	何組	《合集》31438	《合集》31438［《美》450（《佚》283、c-036）+《佚》287（《合集》31452+《合集》31454+《合集》27704/c-009+029+047）］+《合集》31445（《甲》2067）	張軍濤
11	2.19	何組	《合集》28493	《合集》28493（c-016）+《佚》312	程名卉
12	2.22	何組	《合集》31366、《合集》31406	《合集》31406［《合集》31366（c-0280+《甲》2442］+《甲》2561（《合集》31395）	史語所
13	2.23	何組	《合集》31356、《合集》31365	《合集》31330（《甲》2513+《甲》2529）+《合集》31356/《合集》31365(c-017)+《合補》10124（《甲》2425）+《合集》31363（《合補》9999、《甲》2701）	白玉崢、莫伯峰

（續表）

序號	國圖本	組類	《合集》《合補》	綴合	綴合者
14	2.25	自組	《合集》32385、《合補》10436	《合補》10436［《合集》32385(《佚》986+《甲》2282)+《合集》35277］+《甲》2283+《合集》22484	董作賓、裘錫圭、林勝祥
15	2.28	自組	《合集》31886、《合集》20794、《合補》6954	《合集》20794(c-041、《合集》31886)+《合集》21475(《甲》2878、《甲》2879)＝《合補》6954	白玉崢
16	2.29	何組	《合集》29092	《合集》28541(《甲》1804)+《合集》29092(《佚》292、《美》424、c-010)+《甲》1788	張軍濤
17	2.32	何組	《合集》31452、《合集》31438	《合集》31438【《佚》287［《合集》31452(c-009)+《合集》31454(c-029)+《合集》27704(c-047)］《美》450+《佚》283(c-036)】+《合集》31445(《甲》2067)	張軍濤
18	2.35	出組	《合集》24248、《合補》7257	《合集》24248(c-012)+《合集》24478(《甲》2828)+《合集》24377(《甲》2854)＝《合補》7257	白玉崢
19	2.36	何組	《合集》26975	《佚》255（c-002）+《甲》2803	屈萬里
20	2.37/2.38	何組	《合集》27456	《合集》27456［《美》414/c-001(《佚》257+《佚》266正)+《甲》2799］+《甲》2777(《合補》10222)+《甲》2591(《合集》28148)+R034724	劉影

表九　國圖本較舊著録更完整或更清晰者及新補、新見拓本等一覽表

國圖本	《合集》《合補》	與其他著録比較	備註
1.01		《南師》2.71（摹本）	新補拓本
1.03		《南師》2.186（摹本）	新補拓本
1.04	《合集》31905	《美》466不全，左側裁剪"王"字不見	更完整
1.06	《合集》28834	《佚》307上端的齒紋欠清晰，《美》476、《合集》28834左下角殘缺	更清晰、更完整
1.07		《南師》2.214（摹本）	新補拓本
1.08		《南師》2.217（摹本）	新補拓本
1.10		《南師》2.218（摹本）	新補拓本
1.11			新見拓本
1.13			新見拓本
1.17	《合集》30850	其下端尖角處及左側齒紋均比《佚》315、《合集》30850更完整	更完整
1.18		《南師》2.215（摹本）	新補拓本
1.23		《南師》2.126（摹本）	新補拓本
1.25	《合集》31800	左側齒紋較《佚》264、《合集》31800更完整	更完整
1.26		《南師》2.185（摹本）	新補拓本
1.27	《合集》28081	右側齒紋較《佚》285更完整	更完整
1.30	《合集》29356	左側齒紋較《佚》273、《美》421更完整	更完整
1.31	《合集》31477	上端尖角較《佚》316更完整	更完整
1.32	《合集》41721（摹本）	《南師》2.231（摹本）	新補拓本
1.33	《合集》31242	《美》477左側裁剪	更完整、更清晰
1.35		齒紋比《佚》262更完整，字口更清晰	更完整
1.37	《合集》31488	《美》431左側裁剪	更完整
1.38	《合集》31612	下端尖角處較《佚》267、《合集》31612更完整	更完整
1.39		《南師》2.34（摹本）	新補拓本
1.40		《南師》2.224（摹本）	新補拓本
1.43		《南師》2.246（摹本）	新補拓本
2.02	《合集》36979	《美》451的左側裁剪不全	更完整
2.06		《南師》2.225（摹本）	新補拓本
2.07		《南師》2.220（摹本）	新補拓本
2.08		《南師》2.221（摹本）	新補拓本

（續表）

國圖本	《合集》《合補》	與其他著錄比較	備註
2.11	《合集》3203；《合集》15386	《美》470 左側裁剪不全	更完整
2.12			新見拓本
2.21	《合集》31325	右側邊緣處的骨面殘缺及斷面，比《佚》284、《美》428、《合集》31325 更完整	更完整
2.23	《合集》31356；《合集》31365	其右上角的骨皮殘損處墨拓比《美》430、《合集》31365 更完整	更完整
2.27	《合集》29552；《合集》30519	《美》456、《合集》29552 拓紙有褶皺	更清晰
2.29	《合集》29092	上端斷面碴口墨拓比《美》424 更完整	更完整
2.33	《合集》31622	《佚》274、《合集》31622 未拓出左上角突出的尖角	更完整
2.34	《合集》16643	《美》446 漏拓兆序"一"	更清晰
2.35	《合集》24248；《合補》7257 右下	《美》425 的拓紙有褶皺	更清晰
2.36	《合集》26975	《美》416 骨面上有裂紋	更完整

表十　本書引用甲骨著錄書簡稱對照表

簡稱	著錄書
《合集》	《甲骨文合集》，郭沫若主編，胡厚宣總編輯，北京：中華書局，1978—1982年
《合補》	《甲骨文合集補編》，彭邦炯、謝濟、馬季凡編著，北京：語文出版社，1999年
《佚》	《殷契佚存》，商承祚編著，金陵大學中國文化研究所影印本，1933年
《美》	《美國所藏甲骨錄》，周鴻翔編著，（美）加州大學出版社，1976年
《北美》	《北美所見甲骨選粹》，李棪著，《香港中文大學中國文化研究所學報》第3卷第2期，1970年
《南師》	《戰後南北所見甲骨錄·南北師友所見甲骨錄》，胡厚宣編著，北京：來薰閣書店，1951年
《甲》	《殷虛文字甲編》，董作賓編著，北京：商務印書館，1948年
《粹編》	《殷契粹編》，郭沫若著，東京：文求堂石印本，1937年；1976年日本東京三一書房重印本；科學出版社，1965年
《屯南》	《小屯南地甲骨》，中國社會科學院考古研究所編，北京：中華書局，1980-1983年
《甲釋》	《殷虛文字甲編考釋》，屈万里編著，（臺灣）"中央"研究院歷史語言研究室，1961年
《殷合》	《殷虛文字綴合》，中國科學院考古研究所編，北京：科學出版社，1955年
《醉古集》	《醉古集——甲骨的綴合與研究》，林宏明著，臺北：萬卷樓，2011年
《綴集》	《甲骨綴合集》，蔡哲茂著，臺北：樂學書局，1999年
《校釋總集》	《甲骨文校釋總集》，曹錦炎、沈建華編著，上海：上海辭書出版社，2006年
《摹釋總集》	《殷墟甲骨刻辭摹釋總集》，姚孝遂主編，肖丁副主編，北京：中華書局，1988年
《摹釋全編》	《殷墟甲骨文摹釋全編》，陳年福撰，北京：線裝書局，2010年
《集成》	《殷周金文集成》，中國社會科學院考古研究所編，北京：中華書局，2007年
《綴編》	《甲骨綴合編》，曾毅公輯，北京：修文堂書房，1950年
《綴新》	《甲骨綴合新編》，嚴一萍著，臺北：藝文印書館，1975年
國圖本	《施氏藏甲骨文字》，國家圖書館藏甲骨拓本
北大本	《殷契卜辭》，容庚編著，北京大學圖書館藏甲骨拓本
史語所本	《施美士藏甲骨文》，（台灣）"中央"研究院歷史語言研究所黏裝拓本
哥大	美國哥倫比亞大學
歐柏林	美國歐柏林大學